www.ingramcontent.com/pod-product-compliance
Lightning Source LLC
LaVergne TN
LVHW010554070526
838199LV00063BA/4971
9789358728798

سرپٹ گھوڑا

(ناولٹ)

مصنف:

شوکت حیات

© Taemeer Publications LLC
Sarpat Ghoda (Novelette)
by: Shaukat Hayat
Edition: November '2023
Publisher :
Taemeer Publications LLC (Michigan, USA / Hyderabad, India)

ISBN 978-93-5872-879-8

مصنف یا ناشر کی پیشگی اجازت کے بغیر اس کتاب کا کوئی بھی حصہ کسی بھی شکل میں بشمول ویب سائٹ پر اَپ لوڈنگ کے لیے استعمال نہ کیا جائے۔ نیز اس کتاب پر کسی بھی قسم کے تنازع کو نمٹانے کا اختیار صرف حیدرآباد (تلنگانہ) کی عدلیہ کو ہو گا۔

© تعمیر پبلی کیشنز

کتاب	:	سرپٹ گھوڑا (ناولٹ)
مصنف	:	**شوکت حیات**
صنف	:	فکشن
ناشر	:	تعمیر پبلی کیشنز (حیدرآباد، انڈیا)
سالِ اشاعت	:	۲۰۲۳ء
صفحات	:	۱۰۰
سرورق ڈیزائن	:	تعمیر ویب ڈیزائن

● پروفیسر صفدر امام قادری

شوکت حیات کا ناول / ناولٹ ''سرپٹ گھوڑا'': ایک تنقیدی جائزہ

شوکت حیات فکری اعتبار سے احتجاج کے فن کار ہیں اور اُن کی اکثر تحریریں اختلاف، مزاحمت سے شروع ہوکر انقلاب کی دھمک تک پہنچتی ہیں۔ وہ خود کو ریڈیکل، کمیونسٹ، ہیومنسٹ اور احتجاجی کارکن کے طور پر ہی پیش کرتے رہے ہیں مگر جس افسانہ نگاری کے قافلے کے ساتھ وہ میدانِ ادب میں اُترے، وہاں برہنہ گفتاری اور شفاف حقیقت نگاری سے ذرا دور کا رشتہ رہا ہے۔ جدیدیت میں استعاراتی بیانیہ آزمانے کا چلن تھا۔ بہت بعد تک شوکت حیات نے خود کو اُسی فریم کا حصّہ بنائے رکھا اور اپنے بیانیہ پر وہ جدیدیت کی ایک پَرت چڑھائے رہے جب کہ نفسِ مضموں کے اعتبار سے وہ ہمیشہ احتجاجی اور انقلابی کیفیت کے حامل رہے۔ شوکت حیات کے اسی مزاج نے اُنھیں مخصوص فنی آداب برتنے کے لیے ہمیشہ بیدار رکھا اور ابتدائی دور کو چھوڑ کر شاید ہی کبھی اس غفلت میں رہے ہوں کہ زندگی اور سماج کے بنیادی سروکاروں، حقیقی موضوعات اور سچّے تجربات کے بغیر بھی افسانہ نگاری کا کاروبار چل سکتا ہے۔ اسی سے اُن کے یہاں فکری توازن کے امکانات روشن ہوئے۔ آج اگر وہ ہمارے لیے قابلِ توجہ اور صفِ اوّل کے مصنف ہیں تو اس کے پیچھے حقیقی سبب یہی ہے کہ فکری اور فنی اعتبار سے اُن کے یہاں واضح توازن اُس وقت پیدا ہو گیا تھا جس زمانے میں اُن کے دوسرے ہم عصر اسلوبیاتی موشگافیوں میں اپنا سب کچھ نچھاور کرنے کے لیے مجبور تھے۔

شوکت حیات ستّر کی دہائی کے افسانہ نگاروں میں اپنی تخلیقی بوقلمونی اور تکنیکی اعتبار سے چاق و چوبند ہونے کے سبب کم از کم چار دہائی سے اردو کے افسانہ نگاروں کی صفِ اوّل میں قائم رہے۔ ان کی نسل میں سلام بن رزاق نے خاموشی سے اور شوکت حیات نے بہ بانگِ دہل یہ باور کرایا کہ جدید افسانہ نگاروں سے آگے ایک مستحکم عمارت ان کے دور میں قائم ہو چکی ہے۔ اس طرح گذشتگان کے مقابلے میں ہم عصروں کو زیادہ دنوں تک عدم توجہی کا شکار نہیں بنایا جا سکتا۔ اس عہد میں لکھنے والے تو سیکڑوں کی تعداد میں سامنے آئے اور اس کے بعد بھی اسّی اور نوّے کی دہائی والے بھی بہت حد تک اپنی شناخت قائم کر چکے ہیں۔ بعض تو افسانہ نگاری کے ساتھ ساتھ ناول نگاری میں بھی اپنی واضح شناخت بنا چکے مگر جدید افسانہ نگاروں کے بعد کے دور میں گذشتہ چار دہائیوں کے فکشن کی ہندستان میں نمائندگی حقیقت میں سلام بن رزاق اور شوکت حیات نے ہی کی ہے۔

آزادی کے آس پاس اردو ادب میں فکشن کے حوالے سے جن دو دہائیوں کی بڑی اہمیت ہے،ان کے دو مسائل عجیب وغریب ہیں۔شاعری اور افسانے میں جدیدیت روز بہ روز پاؤں پھیلا رہی تھی۔دوسرا مسئلہ یہ تھا کہ قرۃ العین حیدر،عبداللہ حسین،ممتاز مفتی،شوکت صدیقی،حیات اللہ انصاری سے لے کر راجندر سنگھ بیدی تک سب نے لازوال ناول لکھے مگر یہ کیا ہوا کہ اس صنف پر نئی نسل کے لیے دروازے مقفل ہوگئے۔1988-89 کا زمانہ یاد کیجیے جب اچانک 'دوگز زمین'، 'پانی' اور 'مکان' جیسے ناول مختصر وقفے کے ساتھ منظرِ عام پر آئے اور اچانک ان کے حوالے سے ہم عصر ناول نگاری پر گفتگو شروع ہو گئی۔یہ تینوں ناول موضوعات،تکنیک اور کیفیت میں اس قدر مختلف تھے کہ پڑھنے والوں کو اور خاص طور سے ادبی نقادوں کو نئے عہد کے فکشن کی بوطیقا گڑھنے کی ذمہ داری ملی۔یہ بھی خوب رہا کہ آزادی کے بعد جس طرح سے ناول نگاری کی رفتار بڑھی تھی،ٹھیک اسی طرح گذشتہ تین دہائیوں میں سیکڑوں کی تعداد میں نئے پرانے لکھنے والوں نے اپنے ناول پیش کیے۔یہ الگ بات ہے کہ ان تینوں ناولوں کے مصنفین نے اپنی پہلی تحریروں سے شناخت کا جو سکّہ قائم کیا،اس پر شاید ہی کوئی یہ مانے کہ وہ اضافہ کر سکے۔مثال ہمارے پاس پہلے سے موجود ہے کہ قرۃ العین حیدر نے 32 برس کی عمر میں 'آگ کا دریا' تو لکھا مگر کس بنیاد پر ہم یہ کہہ سکتے ہیں کہ بعد کی نصف صدی میں اس سے بڑھ کر کوئی لکیر مصنفہ کی طرف سے کھینچی گئی۔

ناولوں کی ہم عصر مقبولیت کے اُسی دور میں 'شب خوں' کے شمارہ نمبر۲۵۲ میں اچانک شوکت حیات کا ایک ناولٹ 'سرپٹ گھوڑا' شائع ہوا۔اس زمانے میں شوکت حیات کے سارے ہم عصر اور ہم چشم ناول نگاری کے میدان میں اُتر چکے تھے۔عبدالصمد،شفق،حسین الحق،سید محمد اشرف،شمویل احمد،غضنفر،انور خان، یہاں تک کہ مشرف عالم ذوقی جو نسبتاً بعد کی نسل سے تعلق رکھتے تھے،انھوں نے بھی ناول نگاری کے میدان میں مضبوطی سے اپنے قدم جما لیے تھے۔شوکت حیات کے افسانوں پر توجہ کریں تو ان میں سے اکثر زیادہ طویل نہیں ہیں اور فکر و خیال کی چاہے جتنی بڑی دنیا اُن میں شامل ہو مگر وہ اپنے مخصوص تجریدی ایجاز اور جامعیت سے قصّے کو بے وجہ طول دینے سے بچ جاتے ہیں۔افسانوی ارتکاز کی شاید یہی مہارت تھی جس سے راجندر سنگھ بیدی اور سعادت حسن منٹو گزرے اور ناول کو پھیلی ہوئی کائنات کو ایک ذرا سے چھوکر ہمیشہ کے لیے اپنی آزمائی ہوئی اور پسندیدہ افسانوی دنیا میں سمٹ کر رہ جانے میں کامیاب ہوئے۔

'سرپٹ گھوڑا' جب شایع ہوا تو ہمیں یہی اندازہ تھا کہ ہم عصروں کے چیلینجز کو دیکھتے ہوئے اس فکشن نگار نے ایک ادبی نمونہ طویل فارمیٹ میں پیش کر کے اپنی مہارت یا شعری اصطلاح میں قدرتِ کلام کا ثبوت پیش کر دیا ہوگا۔مگر یہ بات پھر دیکھنے میں آئی کہ شوکت حیات نے اسے ابواب بندی سے آراستہ کیا

۔قصّے میں جہاں گنجائشیں نظر آئیں، وہاں اضافے کیے اور نئی شکل میں رسالہ ''مفاہیم'' میں شائع کرنے کے لیے اسے پیش کر دیا۔ کسی فن کار کے لیے یہ مشکل کام ہے کہ اپنی تخلیق کو نئے فارمیٹ میں پیش کرے۔ غضنفر نے 'کہانی انکل' اور 'وِش منتھن' میں 'سمٹے تو دلِ عاشق، پھیلے تو زمانہ ہے' کا فنّی کرشمہ پیش کرنے کی کوشش کی تھی۔ انھیں کامیابی ملی یا نہیں، اس سلسلے سے ابھی بھی رائے عامّہ مکمل طور پر ہموار نہیں ہے۔

اگر چہ ناول اور افسانے کا سانچہ مختلف ہے یا داستان اور ناول کا انداز بھی جداگانہ ہے مگر ایسی مثالیں ابتدائی دور سے اب تک ملتی ہی رہی ہیں کہ بعض تخلیق کاروں نے صنفی حد بندیوں کو ایک جھٹکے سے توڑ دیا۔ کچھ لکھنے والوں نے تو ایسی خاموشی کے ساتھ اصول وضوابط مسمار کیے جس سے پتا ہی نہیں چلا کہ صنفی دامن میں روایتی ذہن کا خون کب ہوا اور قارئین کے ساتھ ساتھ نقادوں کا امتحان کہاں سے شروع ہو گیا؟ 'فسانۂ آزاد' کی مثال چھوڑیے جہاں داستان اور ناول کے ڈانڈے کچھ اس طرح مل گئے تھے کہ اب تک خوشی سے اس کا فیصلہ نہ ہو سکا کہ اسے واقعتاً کہاں رکھا جائے۔ اردو ناول کا وہ ابتدائی زمانہ تھا۔ ایسی مشکلات لازمی طور پر پیدا ہو سکتی تھیں مگر وہیں یہ بات بھی سمجھ میں آئی کہ کرداروں کی گہما گہمی، بیان کی کھلی کائنات اور تہذیب و ثقافت کے تازہ لہو کا پھیلاوا ایسے تحدیدیں ہیں جن سے قارئین کی فیصلہ کن نگاہیں متزلزل ہو جاتی ہیں۔

مگر 'ایک چادر میلی سی' کو کیا کہیں گے؟ 'اولڈ مین اینڈ دی سی' (Oldman and the Sea) یا اینیمل فارم (Animal Farm) کے ظاہری اختصار کو کیا ان کی بہ طورِ ناول شناخت میں رخنہ مانا گیا؟ ہماری زبان میں یہ بھی ایک مسئلہ ہے کہ مختصر ناول یا ناولٹ کو آسانی سے وہ عزت و وقار اب تک حاصل نہیں ہوا جس کی وجہ سے کوئی فکشن نگار اپنی تحریر کو ناولٹ کے بہ طور پیش کرے اور یہ توقع کرے کہ اسے ہیمنگ وے یا جارج آرول کی طرح قابلِ توجہ سمجھا جائے۔ ناول کی تنقید کا شاید یہی مسئلہ ہو گا جس سے بعض تخلیق کاروں نے اپنی تحریروں کو خواہ مخواہ طول دینے کی کوشش کی، لایعنی واقعات کے اضافے سے قصے کو پھیلایا اور یہ کوشش کی کہ ان کا کارنامہ طوالتِ ظاہری میں ایسا ہو جائے کہ آسانی سے قارئین اور نقاد اسے ناول کے زمرے میں رکھیں اور پھر اسی روایت میں اس تخلیق کا جائزہ لیا جائے۔ غضنفر، سید محمد اشرف سے لے کر شموئل احمد اور مشرف عالم ذوقی، خالد جاوید اور رحمان عباس تک کس کس کی مثالیں پیش کی جائیں جہاں تنقیدی جبر سے یا ہم عصر تخلیقی فضا کے دباو میں اپنے مختصر ناولوں کو غیر ضروری طور پر طول دینے کی ضرورت میں متن میں یا کبھی کبھی چھاپے میں طوالت کو راہ دینی پڑی۔

'سرپٹ گھوڑا' جدیدیت کے زور تھم جانے اور استعاراتی اسلوب بیان کے عہد شباب کے بعد کی تحریر ہے۔ 'شب خوں' میں اشاعت کے بعد شوکت حیات نے اس تحریر کو دوبارہ لکھنے کی کوشش کی اور اسے

ظاہری طور پر پھیلانے میں وہ کامیاب رہے۔ اسے ناولٹ کے طور پر پیش کرنے کے ارادے سے ہر چند کہ اُنھوں نے نظرِ ثانی کی تھی۔ مگر عبدالصمد یا مشرف عالم ذوقی کی طرح سیاسی اور سماجی واقعات اور معاملات کی شمولیت سے اس کی ضخامت بڑھانے کے شاید وہ خوگر نہ ہوئے۔ اس سے اُن کے فنی طریقہ کار کو بھی سمجھا جا سکتا ہے ورنہ کسی ماہر قصہ گو کے لیے یہ کون سی مشکل بات تھی کہ وہ قصّے کو جہاں تہاں سے پھیلانے کے عمل میں خود کو شریک نہ کرلے۔ شوکت حیات ملک وقوم کی سیاسی اور سماجی تاریخ کے بھی بہترین واقف کار تھے اور اپنے مضامین یا مجلسی گفتگو میں ان افکار ونظریات کو بہ خوبی پیش کرتے رہتے تھے مگر جیسے ہی وہ افسانہ نگار یا اِس تحریر کی حد تک ناول نگار کے طور پر سامنے آتے ہیں، اُنھیں ایجاز واختصار اور فنی حکمتِ عملی زیادہ عزیز ہے، اس لیے 'سرپٹ گھوڑا' جیسے قصّے کو سیاسی اور سماجی واقعہ نگاری کی معاونت سے ایک اچھی خاصی ضخامت کا ناول نہیں بنایا بلکہ بنیادی قصّے کو اُسی قدر پھیلنے کے لیے راستہ دیا جس قدر فطری طور پر گنجائشیں تھیں۔ یہی سبب ہے کہ 'سرپٹ گھوڑا' کی نظرِ ثانی کے باوجود بنیادی حیثیت ناولٹ کی ہی رہی اور اُسی طور پر شوکت حیات اسے الگ سے شائع کرنا چاہتے تھے مگر یہ ممکن نہ ہو سکا۔

'سرپٹ گھوڑا' 'شب خوں'، الہٰ آباد، شمارہ نمبر ۲۵۲ بابت جنوری ۲۰۰۲ء میں پہلی بار شایع ہوا مگر بعد میں شوکت حیات نے ابواب بندی میں اضافہ کیا۔ پہلے یہ بارہ ابواب میں منقسم تھا۔ بعد میں اسے سولہ حصوں میں تقسیم کیا گیا۔ ہر باب میں عنوان کا اضافہ ہوا۔ نئے متن میں ساتواں، آٹھواں، نواں اور دسواں باب مکمل طور سے نئے ہیں۔ اُن کے علاوہ پرانے متن میں جگہ جگہ اضافے کیے گئے ہیں۔ اضافے کی یہ صورتِ حال پہلے ہی باب میں سمجھ میں آنے لگتی ہے جہاں تفصیل دوگنی ہوگئی ہے۔ دوسرے اور تیسرے باب میں کوئی اضافہ نہیں۔ چوتھے باب میں سات سطریں زیادہ ہیں۔ پانچویں باب میں عنوان کی نسبت سے پوری نظم کا اضافہ ہوا ہے۔ گیارہویں باب میں ایک جگہ ایک صفحہ پورے طور پر بڑھایا گیا ہے۔ بارہویں باب میں آخری کا آدھا صفحہ اضافہ ہوا ہے۔ تیرہویں باب میں بیچ میں مکمل ایک صفحہ بڑھایا گیا ہے۔ پندرہواں باب اوّلین شکل میں نہایت مختصر تھا۔ یہاں تین صفحات کا اضافہ ہوا ہے۔ ان اضافوں پر غور کرنے سے پتا چلتا ہے کہ شوکت حیات نے نظرِ ثانی کرتے ہوئے جہاں جہاں ضروری معلوم ہوا، وہاں جملے بڑھائے۔ کہیں کہیں مختصر کردار بھی شامل ہو گئے ہیں۔

درمیان میں جن چار یعنی ساتویں سے لے کر دسویں ابواب تک کا جو اضافہ ہوا ہے، وہ فرقہ ورانہ صورت حال کی عکاسی کے لیے وقف ہے۔ شوکت حیات کی مہادت یہاں سمجھ میں آتی ہے کہ وہ کس طرح پرانے قصّے کی ڈور کو اپنے ہاتھ میں تھامے رہتے ہیں اور نئے واقعات کی زنبیل کھول دیتے ہیں۔ چھٹے باب

سے ساتویں میں پہنچتے ہوئے کسی نئے قاری کو اس بات کا احساس بھی نہیں ہوتا کہ یہ باب اور اُس کے بعد آنے والے تین نئے ابواب اس ناولٹ کا اوّلا حصّہ نہیں تھے۔ اسی طرح دسویں باب سے جب ہم گیارہویں باب میں پہنچتے ہیں تو یہ کہاں یادرہتا ہے کہ نئے متن سے پرانے قصّے کی طرف لوٹ کر آرہے ہیں۔ حسب ضرورت نئے ماحول میں آنے کی پیش بندی مصنف اپنی مشاقی سے بہ آسانی کر لیتا ہے۔ ہر چند کہ مکمل اضافہ والے چاروں نئے ابواب ذرا تفصیل سے لکھے گئے ہیں اور اس بات کا ہمیں یقین دلاتے ہیں کہ ناولٹ کے قصّے کو توسیع دینے اور موضوعاتی ارتکاز قائم کرنے کے لیے ان ابواب کو مصنف نے بڑھایا۔ ان اضافوں کے بعد اس ناولٹ کی موضوعاتی دنیا مزید پھیل جاتی ہے جس کی بنیاد پر یہ نتیجہ اخذ کرنا چاہیے کہ شوکت حیات نے 'سرپٹ گھوڑا' ناولٹ کو نظرِ ثانی کے عمل سے گزار کر ہمیں ایک بھرپور فکشن مہیا کرایا۔

'سرپٹ گھوڑا' میں شوکت حیات نے ناول نگاری کے تمام لوازم شامل کرنے کی کوشش کی ہے۔ ناول کو فارم لیس آرٹ کہا گیا ہے، اس لیے شوکت حیات نے یہاں طرح طرح کے مسالے جمع کیے ہیں۔ تاریخ، سیاست، سماجیات کے ساتھ جنس، فرقہ واریت اور ٹریڈ یونین کے بہت سارے مناظر اس میں شامل کر کے پلاٹ کو استحکام دیا گیا ہے۔ افسانہ نگار کا فنّی ارتکاز اور موضوعاتی گٹھاؤ جیسے عوامل کچھ اس قدر گہرے طور پر یہاں شامل ہوئے ہیں جن سے اس بات پر ہمارا یقین بڑھ جاتا ہے کہ شوکت حیات نے محض صفحات بڑھانے کے لیے اس قصّے کو ناول کی دنیا نہیں عطا کی۔ چار پانچ صفحے میں ابواب ایسے بدلتے ہیں کہ یہ یقین کرنا مشکل ہو جاتا ہے کہ یہاں سے اب ناول کہاں جا رہا ہے یا جائے گا؟

ناول اچانک شروع ہوتا ہے۔ غالب کے شعر اور ایک پمفلٹ کی تقسیم سے گفتگو شروع ہوتی ہے مگر جتنے منھ اتنی باتیں۔ یہ خدشہ ظاہر ہونے لگتا ہے کہ چند سطروں کی یہ تحریر آخر سیاست اور سماج کے کتنے مسئلوں کی بنیاد کو واشگاف کرتی جائے گی۔ بالکل بے تکلفی سے سوال و جواب یا تبادلۂ خیالات اور مجذوب کی بڑ کا سلسلہ چل پڑتا ہے۔ ہندستان اور پاکستان کی تقسیم، سیاست کی مشکل اور پیچیدہ ڈگر سے بات بڑھتے ہوئے جرمنی کی دیوار ڈھانے تک پہنچتی ہے۔ منٹو کے 'ٹوبہ ٹیک سنگھ' میں جس طرح مختلف نقطہ ہائے نظر سامنے آتے ہیں، اسی طرح یہاں کہنے کو یہ ٹریڈ یونین کے چھوٹے موٹے لیڈر ہیں مگر حقیقت یہ ہے کہ ان کی گفتگو کا معیار اور ان کے موضوعات قومی اور بین الاقوامی ہیں۔ جب پہلے باب میں ہی لکھنے والا موضوع کو اس معیار سے تولنے کی کوشش کرے گا تو ہمیں یہ بات سمجھ لینی چاہیے کہ فن کار کسی بڑے فکری بت کو توڑنے کا ارادہ رکھتا ہے۔

یہ ناولٹ متوقع خدشات اور اُس سے پیدا شدہ مسائل کی کہانی ہے۔ فساد ہو چکا ہے اور پھر سے ہونے کے آثار ظاہر ہیں۔ ایک زہریلا اشتہار نکلا ہوا ہے۔ ہندو اور مسلمانوں میں واضح تقسیم کا عمل شروع ہو چکا ہے۔

آبادیاں پاکٹ میں محفوظ ٹھکانے تلاش کر رہی ہیں۔ کرفیو کچھ علاقوں سے اُٹھ چکا ہے اور کہیں لگا ہوا ہے۔ ہر شخص دوسرے کے وجود سے خوف زدہ اور شبہات میں مبتلا ہے۔ سڑک سے تنہا گزرتے ہوئے بار بار کسی دوسرے اجنبی کو دیکھ کر اس بات کا اندیشہ پیدا ہو جاتا ہے کہ وہ ہمارے وجود کو صفحۂ ہستی سے مٹا نہ دے۔ بچوں کا اسکولوں سے اغوا مذہبی بنیادوں پر شروع ہو چکا ہے۔ سب سے مشکل مرحلہ یہ ہے کہ بازار اور پیشے ورں کے بیچ بھی مذہبی تقسیم قائم ہو چکی ہے۔ حالت یہاں تک پہنچ چکی ہے کہ بیمار بچوں کو کس ڈاکٹر سے دکھایا جائے، اس مرحلے میں یہ سوالات زیرِ بحث ہوتے ہیں کہ یہ ڈاکٹر اگر ہمارے مذہب کا نہیں ہے تو یہ بات مناسب نہیں کہ بچے کو اُسے دکھایا جائے۔ کیا جانے وہ کوئی مذہبی بدلہ ہی لے لے۔ دور سے چند افراد نظر آجائیں تو پہلے یہ غور کرنا لازم ہو جاتا ہے کہ یہ فسادی اگر دوسرے مذہب سے تعلق رکھتے ہیں تو اُدھر سے آگے جانا درست نہیں۔ عوامی سواریوں میں بیٹھتے ہوئے یہ غور کرنا کہ اُس کا ڈرائیور اور جو کوئی دوسرا سوار ہے، اُس کا مذہب کہیں ہم سے مختلف تو نہیں؟

قصہ یوں ابھرتا ہے کہ ناول کے مرکزی کردار کا بچہ اچانک بیمار ہوتا ہے اور کسی طرح دفتر میں اس تک یہ خبر پہنچائی جاتی ہے۔ مرکزی کردار اپنے گھر جاتا ہے اور پھر بچے کے علاج میں سرگرداں نظر آتا ہے۔ مگر ایک ماہر قصہ گو کو یہ معلوم ہے کہ ناول کا پلاٹ اس سے کچھ سوا طلب کرتا ہے۔ اس لیے شروع میں ہی یہ کیفیت ضمنی طور پر اجاگر کر دی جاتی ہے کہ فرقہ وارانہ کشیدگی اور تناؤ کا ماحول ہے۔ ہندو مسلمان ایک دوسرے پر کسی بھی سماجی معاملے میں بھروسہ نہیں کر رہے ہیں۔ اس پہلو سے اس بیمار بچے اور اس کے علاج کے مراحل یا متعلقات میں پیچیدگی شامل کی جاتی ہے جس کے سبب کبھی تجسّس اور کبھی بوالعجبی کے احوال ناول میں اپنے آپ چلے آتے ہیں۔ یہ بات واضح طور پر ہمیں سمجھ میں آجاتی ہے کہ مصنف بھی اُس بنیادی قصے پر نہ خود مرتکز رہتا ہے اور نہ چاہتا ہے کہ اُس کی کہانی گھریلو زندگی میں قید ہو کر رہ جائے۔ اس لیے بنیادی قصہ سُست رفتار سے آگے بڑھتا ہے یا ذیلی قصّے کی وجہ سے جو ماحول قائم ہو چکا ہے، اُس کے خدشات پڑھنے والے کے دماغ میں حاوی رہتے ہیں۔ مرکزی کردار اگرچہ بیٹے کے علاج کے لیے لگا ہوا ہے مگر اُس کے ذہن میں اور اُس کی سرگرمیوں کے دوران شعور اور لاشعور پر بھی بدلی ہوئی صورتِ حال پورے طور پر حاوی ہے۔ اس وجہ سے بنیادی قصّے کے متوازی باہر کی دنیا کے سوال و جواب اور اندیشے بھی حسب موقع آتے جاتے رہتے ہیں۔ اس سے ناولٹ کی داخلی دنیا نہ صرف یہ کہ توسیع پاتی ہے بل کہ موضوعاتی اعتبار سے بھی اس سے ایک بوقلمونی پیدا ہوتی ہے۔ مسجد کے امام اور انجانے آدمی کی طرف سے مدد کی پیش کش سے کہانی کی شاخیں پھیلتی ہیں۔ خاندان کے افراد کی مختلف مواقع سے الگ الگ روپ میں نظر آنا اور کبھی کبھی اشعار، دوہے اور عشق و عاشقی کے موضوعات کی شمولیت سے قصّہ اپنے انجام کا خوگر ہوتا ہے۔ علاج کے مرحلے میں زندگی کی اونچ نیچ اور حقیقی ڈراموں کی موجودگی بھی سانس روک کر ہمیں شوکت حیات کی فن کاری پر ایمان لانے کے لیے مجبور کرتے ہیں۔

شوکت حیات بعد کے زمانے میں اپنی بے مثال کہانی 'گنبد کے کبوتر' کی وجہ سے پہچانے گئے۔ بابری مسجد کے انہدام کے بعد ہندستان کی سیاست بھی بدلی اور معاشرے کے نظامِ فکر میں کچھ ایسی تبدیلیاں پیدا ہوئیں جن سے پورا معاشرہ بدل گیا۔ جینے کا انداز، سوچنے کا طریقہ اور برتنے کا مزاج، سب کچھ بدلا۔ یہ تبدیلی سماج کے ہر حلقے میں آئی۔ شوکت حیات نے اس موضوع کو صرف 'گنبد کے کبوتر' میں ہی نہیں برتا، یہ اُن کی اور دوسرے لکھنے والوں کی سائیکی میں ایک زندہ حقیقت کی طرح بس گیا۔ یہ ناولٹ اسی موضوعاتی پس منظر سے اپنے معنوی دائرۂ کار کی توسیع کرتا ہے۔ شوکت حیات شفاف حقیقت نگار نہیں ہو سکتے، اس لیے روایتی بیانیہ کو آزماتے ہوئے واقعات در واقعات ایک سلسلے سے پیش کرنے کا عمل اُن کے یہاں ممکن نہیں۔ جدیدیت کے اثر سے اُن کے یہاں کہانی کی حقیقت اصل قصّے میں بنیادی کرداروں میں محدود ہو جاتی تو تین دہائیوں کی افسانہ نگاری کی مشق ضائع ہو جاتی! یہیں اُن کی فنی ہنرمندی اور چابک دستی کا پتا چلتا ہے۔ یہ بات بھی سمجھ میں آتی ہے کہ وہ فکری طور پر کس قدر پختہ ہیں اور اُسی طرح نت نئے تکنیکی حربوں سے خود کو آراستہ کرنے کے معاملے میں چاق و چوبند ہیں۔ یہ ہنرمندی 'گنبد کے کبوتر' میں بھی واضح ہے اور 'سرپٹ گھوڑا' میں بھی بھرپور طریقے سے روشن ہوا ہے۔

شوکت حیات کی ادبی نشو و نما میں جدیدیت کے خاصے اثرات رہے ہیں۔ اُن کی کہانیوں میں جدیدیت کے آزمائے ہوئے رموز و علائم ابتدائی دَور میں تو بہت زیادہ تھے مگر بعد میں بھی وہ اس رجحان سے عملی طور پر خود کو کبھی الگ کرتے ہوئے نظر نہیں آتے۔ اُن کی بہت ساری کہانیاں تو اعلانیہ طور پر جدیدیت کی زائیدہ ہیں مگر ان کے سوا دیگر تحریروں پر کم از کم اسلوب کی سطح پر تو جدیدیت کے اثرات جگہ جگہ مل ہی جاتے ہیں۔ نئے اور انوکھے استعارے وضع کرنا، تفصیلات کے بجائے اشاروں میں گفتگو اور معنوی اعتبار سے متن میں ذرا پیچیدگی اُتار دینے کی کوشش کرنا شوکت حیات کے وہ آزمودہ نسخے ہیں، جنھیں وہ اپنے فکشن کا بہرطور حصّہ بناتے رہے ہیں۔ 'سرپٹ گھوڑا' میں گھوڑوں کی ٹاپوں کی آوازیں، اُن سے پیدا شدہ اندیشے، ہیبت ناکی اور گھبراہٹ کی کیفیات بار بار اس ناول کا حصّہ بنتی ہیں مگر غور کرنے سے پتا چلتا ہے کہ یہ اشارے یا کیفیات کا بیان چند جملوں میں ختم ہو جاتا ہے اور کہانی کا سفر آگے بڑھتا جاتا ہے۔ ایسا محسوس ہوتا ہے کہ پس منظر سے ہیبت ناکی کے مظاہر ابھر رہے ہیں اور اُن کے جال میں کہیں نہ کہیں سب پھنس رہے ہیں۔ گھوڑوں کی ٹاپ اور اُن سے اُس عہد کی متعلقہ زندگی پر جو اثرات قایم ہو رہے ہیں، اُن کی ماہرانہ پیش کش اس ناول کا طرۂ امتیاز ہے۔ کہیں بیان میں تفصیل آنے نہیں دیتے مگر ہیبت ناکی اور خوف میں اضافہ ہی ہوتا جاتا ہے۔ اکثر تو گھوڑوں کی ٹاپ کا ذکر بڑے لاتعلق انداز میں سامنے آتا ہے اور یہ بھی سمجھ میں آتا ہے کہ ناول کی بنیادی کہانی سے یہ پَرے ہیں مگر فضا بندی کے سارے کام انھیں اوزاروں سے

لینے کا ایک بالیدہ شعور سب کچھ سنبھال لیتا ہے۔ چند مثالیں ذیل میں پیش کی جاتی ہیں:

- ''دفعتاً اسے لگا کہ کہیں دور سے کوئی گھوڑا اس کی طرف سرپٹ دوڑتا چلا آرہا تھا۔ ملگجے اندھیرے میں گونجتی ہوئی ٹاپیں سن کر اس کے رونگٹے کھڑے ہو گئے۔ سرپٹ گھوڑے کی پاؤں کی دھمک بتدریج قریب آتی جارہی تھی''۔
- ''اچانک سرپٹ گھوڑوں کی ٹاپ پھر سنائی دی ...ٹاپ قریب آرہی تھی۔ اس نے دیکھا کہ وہ، اس کی بیوی اور بچہ گھوڑوں کی ٹاپ کے نیچے روندے جا رہے ہیں، زدوکوب کیے جا رہے ہیں۔ ان کے کپڑے تارتار ہو گئے۔ جسم کی ہڈیاں ٹوٹ گئیں۔ سرپٹ گھوڑوں کا قافلہ رکنے کا نام ہی نہیں لے رہا۔ ایک، دو، تین ...سینکڑوں، ہزاروں... انگنت ...ٹڈی دل کی طرح چھاتے جا رہے تھے۔ چاروں طرف...''
- ''غیر مرئی سرپٹ گھوڑے یہاں سے وہاں تک دندناتے پھرتے تھے اور وہ دونوں چپ چاپ اپنے وجود کے غار میں اتر کر نامعلوم سمتوں میں بھٹک رہے تھے''۔
- ''اچانک سرپٹ گھوڑوں کی پُراسرار آواز پہلے دور سے اور پھر نزدیک سے آتی ہوئی سنائی دی۔

عالمِ دہشت میں جلتی ہو سگریٹ اس کی انگلیوں سے گر گئی۔

ٹمپو میں دونوں نے مل کر جلتی ہوئی سگریٹ کو تلاش کیا۔

پراسرار ٹاپوں کی آوازیں ان کا محاصرہ کر رہی تھیں''۔

ماحول میں موجود کشیدگی اور متوقع ناشدنی کے لفظی پیکر بنانے میں شوکت حیات کو ناول کے مرکزی استعارے سے بہت مدد ملی ہے۔ سرپٹ گھوڑا، گھوڑے کی ٹاپ، دوڑنے اور آگے بڑھنے، بہ تدریج قریب آنے کی جو کیفیات ہیں، اُس سے وہ ہیبت ناکی بالکل سامنے آجاتی ہے جس کی پیش کش وہ اِس ناول میں چاہتے ہیں۔ اُن کا یہ بھی کمال ہے کہ اِس بنیادی استعارے کے اِرد گرد لفظوں کا ناپا تلا جال ہی بنتے ہیں۔ یہ اُن کی ایسی فنّی ہوش مندی ہے جس کی کون داد نہ دے گا! کوئی دوسرا ناول نگار ہوتا تو لفظوں کے اسراف سے محل کھڑے کر دیتا مگر ایجازِ بیان کا خون ہو جاتا اور استعارے کی جو غیر مرئی دنیا شوکت حیات خلق کرنا چاہتے تھے، وہ سرِ عام نیلام ہو جاتی۔ شوکت حیات نے اِس استعارے کے سہارے جو بنیادی بیان خلق کیا ہے، اُس سے کہانی اپنے آپ بھٹکنے سے بچ جاتی ہے اور قاری واپس اُسی مرکز پر چلا آتا ہے۔

شوکت حیات یوں تو اپنے اسلوب کو شاعرانہ بنانے کے لیے مشہور نہیں۔اچھی زبان میں ترسیل کے جو امکانات ہیں، انھیں ہی سلیقے سے آزما کر بہ حیثیت افسانہ نگار انھوں نے اپنا مقام حاصل کیا تھا۔ اِس ناول میں انھوں نے اپنے اُسی اسلوب کو قایم رکھا ہے۔ آرائش بیان پر توجہ دینے کی کوئی اضافی کوشش نظر نہیں آتی ہے مگر جب ناول کے پہلے صفحے پر غالب کا شعر لکھا ملے تو سمجھنا چاہیے کہ اِس کتاب میں کوئی علاحدہ کیفیت کی تیاری ہے۔ متن کے داخل میں اُترنے سے مختلف ابواب میں غالب، میر، مصحفی، انشااللہ خاں انشا اور کبیر داس کے اشعار نظر آتے ہیں۔ سیاہ فام اقوام کی جدوجہد کے لیے مشہور نظم 'ہم ہوں گے کامیاب ایک دن' پورے طور پر متن کا حصّہ ہے۔ اِن اشعار اور نظموں کی شمولیت سے ایک ایسی کیفیت پیدا ہوتی ہے جہاں شعریت اور موسیقیت کے ڈانڈے ایک دوسرے سے مل جاتے ہیں۔ کسی بھی ناول نگار کو موضوعاتی اور اُسلوبیاتی رنگارنگی سے اپنے ناولوں کو آراستہ کرنے اور خاص طور سے قارئین کو متوجہ کرنے لیے بہت سارے کام کرنے ہوتے ہیں۔ شوکت حیات نے یہاں بھرپور فائدہ اُٹھایا ہے اور اپنے ناول کو مختلف طبقوں میں مقبول بنانے کی کوشش کی ہے۔

- ''پرندے کے بازو اڑتے اڑتے شل ہو گئے تھے۔ بہت اونچائی پر جا کر اس نے جسم کو ڈھیلا چھوڑ دیا تھا۔ اس کی قوت پرواز جواب دے چکی تھی، اب آنکھیں بھی دھندلانے لگی تھیں''۔
- ''ان کی کھلکھلاہٹ اور فلک شگاف قہقہے سن کر پیڑوں پر بیٹھے رنگ برنگے پرندے اپنے پروں کو پھڑپھڑاتے ہوئے تیزی سے اڑ گئے۔ اڑتے اڑتے بل کھاتے ہوئے انہوں نے ہنسنے والوں کو اچٹتی ہوئی نظروں سے دیکھا۔ کیسے جیالے لوگ ہیں۔ اس عالم میں بھی دل کھول کر ہنستے ہیں۔ اور الوداع کہتے ہوئے فضا میں اونچے اور اونچے اڑتے چلے گئے اور دور آسمان میں غائب ہو گئے لیکن ہنسی کا دورہ مکمل ہونے کے بعد وہ سب گہرے سوچ میں مستغرق ہو گئے''۔

دنیا کے ہر معاشرے میں ناول کی زبان کے سلسلے سے بحث ہوتی رہی ہے۔ ہماری عام نثر اور فکشن بالخصوص ناول میں استعمال کی جانے والی زبان کیا ایک ہی ہوتی ہے یا اُن کی سطحیں بدل جاتی ہیں؟ یہ سوال اصولی طور پر جس طرح تفصیل کا تقاضہ کرتا ہے، اُسی طرح اطلاق کی سطح پر تجزیہ و تحلیل کے مرحلے سے گزر کر یہ دیکھا جا سکتا ہے کہ واقعتاً ہمارے فکشن میں زبان کی کوئی مختلف سطح آزمانے کی کوشش ہوئی یا نہیں۔ 'سرپٹ گھوڑا' کی حد تک ہم اِس سوال کا ایک ابتدائی جواب تلاش کر سکتے ہیں۔ بے شک ایک ناول نگار زبان کی مختلف سطح تک آئے بغیر شہکار خلق نہیں کر سکتا۔ شوکت حیات کے اُسلوبِ بیان بالخصوص اِس ناول میں آزمائی گئی نثر میں جگہ جگہ ایک کرشمائی کیفیت پیدا ہو گئی

ہے۔ جہاں جہاں ایسے جملے یا پیراگراف آسمان میں ٹنکے ہوئے چاند ستاروں کی طرح ہمیں ملتے ہیں، وہاں کبھی اقوالِ زرّیں کی تخلیق شروع ہو جاتی ہے اور کہیں نثرِ عصری صحائف آسمانی اور اظہار کی بوقلمونی کے ساتھ ہمیں حیرت میں ڈال دیتی ہے۔ شوکت حیات کے اِس ناول میں زبان و اُسلوب کی اعلا سطح ہمیں نہ صرف یہ کہ پورے طور پر متوجہ کرتی ہے بلکہ ہم اُس کی ساحری اور تخلیقی جنون کا حصّہ بن جاتے ہیں۔ چالیس برس کی افسانہ نگاری کے بعد جب کوئی فن کار ناول کی طرف قدم بڑھائے گا تو واقعتاً اُس کے قلم سے ایسے قیمتی الفاظ اور جملے ہی ادا ہوں گے:

- ''جو بھی ہو، سیکولرزم بہت خوبصورت تصور ہے۔''
- ''بھائی عجیب زمانہ ہے کہ اب بادشاہ بھی مجرم ہے اور رعایا بھی۔''
- ''چلتے پھرتے ہندوستانی الفاظ تھے جن پر کسی زبان اور مذہب کی سکّہ بند مہر نہیں تھی''۔
- ''دراصل پڑھائی لکھائی اور تہذیب وتمدن کہتے ہی اس کو ہیں کہ انسان اپنی حدبندیوں سے بالاتر ہو جائے......''
- ''اس کی سیاسی بیداری اور سیکولر شعور کے مقابلے میں اس اناڑی ٹمپو والے کی بےفکری کا اندازہ زیادہ قابل قدر اور دانشورانہ تھا۔''
- ''معاملہ کچھ گڑبڑ معلوم ہوتا ہے......زندگی کے حقیقی چڑیا گھر میں سانپ گھر کے شیشے شاید ٹوٹ گئے ہیں......فوراً واپس چلیں......!''

فرقہ وارانہ فسادات اور اُن کے نتائج پر اردو کے سیکڑوں بڑے ناول اور افسانے رقم کیے گئے ہیں۔ تقسیمِ ملک کے دَور کے منظرنامے کو اگرچہ اُن تحریروں میں زیادہ موضوعِ بحث بنایا گیا ہے مگر حالات کے بدلنے کے ساتھ اِس مسئلے کی نئی نوعیّتوں اور بابری مسجد کے انہدام کے بعد کی صورتِ حال پر مقابلتاً کم لکھا گیا ہے؛ اِس کے باوجود ہم عصر ناول نگاروں اور افسانہ نگاروں کی اِس جانب خاص توجّہ رہی ہے۔ 'گنبد کے کبوتر' لکھ کر شوکت حیات نے یہ ثابت کر دیا تھا کہ وہ افسانوی فن اور فرقہ واریت کی نئی صورتِ حال میں کس طرح مطابقت قایم کر سکتے ہیں۔ 'سرپٹ گھوڑا' بابری مسجد کے انہدام کے دس برسوں کے دوران لکھا گیا۔ آج یہ کہنا مشکل ہے کہ شوکت حیات نے واقعتاً کس سال اسے لکھا مگر متن اِس بات کی گواہی دیتا ہے کہ فرقہ وارانہ صورتِ حال کی بدلتی کیفیات کو مکمل سنجیدگی کے ساتھ موضوعِ بحث بنایا گیا ہے۔ فکری طور پر شوکت حیات سیکولر اور غیر مذہبی، روادارانہ مزاج کے حامل تھے جس کی عکّاسی اِس تحریر میں ہر صفحے پر نظر آتی ہے۔ فنّی اعتبار سے غور کریں تو فسادات کے حوالے سے جو اندیشے اور تشویشات کی کیفیت ہوتی ہے، شوکت حیات نے اپنے ناول میں اُس کی ایسی فطری اور زندہ

پیش کش کی ہے کہ ہم اُس خوف اور ہیبت میں خود کو موجود پاتے ہیں۔فن کارانہ جہت سے اِس ناول کا یہ ایک ایسا پہلو ہے جس پر ناول نگار کو داد نہ دی جائے تو بے انصافی ہوگی۔شوکت حیات نے یہ بھی اچھا کیا کہ فسادات کی تفصیل اور قتل وخون میں لت پت زندگی کی تفصیل سے اپنے ناول کو ترقی پسندانہ دَور کے انداز سے آراستہ کرنے کی کوئی مشقّت نہیں اٹھائی۔اِس سلسلے سے اِس ناولٹ کے صرف ایک اقتباس پر ہماری خصوصی توجّہ درکار ہے:

''سورج رو بہ زوال تھا۔تازہ لہو کی مہک، سراسیمگی اور وحشت کا سنّاٹا اندیشے کو تقویت پہنچارہے تھے کہ شہر کے کسی علاقے میں کوئی واردات ہوگئی ہے۔''

شوکت حیات کا مطمحِ نظر اکثر و بیشتر دانش ورانہ رہا ہے۔اُنھوں نے اپنی زندگی کا ایک بڑا حصّہ اور اپنی تحریروں کا سارا سرمایہ نئی دنیا کے خوابوں کے سپرد کر رکھا تھا۔اِس ناول میں اُن کی یہ فکری بساط بہت آسانی سے دیکھی جاسکتی ہے۔مرکزی کردار کے ساتھ ساتھ اُس کے کئی دوست احباب جگہ جگہ نظر آتے ہیں جو نہ صرف یہ کہ سماجی کارکن اور رضا کار ہیں بلکہ اُن کے دلوں میں انسانی زندگی کو خوب صورت بنانے کے نہ جانے کتنے خواب پوشیدہ ہیں۔شاید یہی وجہ ہے کہ فساد جیسے نازک معاملے میں بھی اور مابعدِ بابری مسجد انہدام کی بدلتی صورتِ حال میں اُن کے مرکزی کردار اور دوسرے ساتھیوں کا فرقہ واریت کے خلاف ذہن بہ دستور قائم رہتا ہے۔دونوں طبقوں کے اچھے لوگوں کو پہچاننا اور سماجی انتشار سے راہِ نجات حاصل کرنے کا ذریعہ تلاش کرنا، اِس ناول میں بڑی سنجیدگی سے انجام پاتا ہے۔شوکت حیات کے یہاں ایک اچھے معاشرے اور نئی زندگی کا بڑا صاف ستھرا خواب ہے، ایک امیّد اور ایک نئے منظرنامے کے لیے بہت حد تک اُنھیں یقینِ کامل ہے۔فسادات، دانش مندی اور انسانیت نوازی کے اردگرد پھیلے بیانیے کو ذیل کے اقتباسات سے پہچاننا مشکل نہیں:

- ایک تقسیم کا زخم ہی ایسا کاری تھا کہ نہ جانے کتنے لوگ اب تک جانبر نہ ہوسکے، اب مزید تقسیم کسی قیمت پر نہیں۔ بلکہ موقع ملے تو.....دونوں جرمنی ایک ہو سکتے ہیں تو کیا ہندوستان، پاکستان اور بنگلہ دیش پہلی والی حالت میں واپس نہیں آسکتے؟ ہم بیدار ہوجائیں تو یہ دیواریں تحلیل ہوجائیں۔اس نسل میں نہیں تو شاید آنے والی نسل میں لوگوں کی نیند ٹوٹے اور وہ جان لیں کہ طاقتور انسانوں نے اپنے آمرانہ مقاصد کے حصول کے لئے دھرتی پر لکیریں کھینچ دی تھیں اور آج تو ہم عالمی انسانی سماج اور گلوبل گاؤں کی سمت بڑھ رہے ہیں....

- ان دنوں عبدالمنان بے حد پریشان تھا۔نئی نئی ملازمت تھی۔عرصۂ دراز تک بے روزگاری جھیلنے والے عبدالمنان کی آنکھوں میں چھوٹے بڑے کئی سپنے

چھپے تھے۔مگراس کا سب سے بڑا خواب دنیا کو بدلنے کا تھا۔سوویت یونین کے انہدام نے اس کے ارادوں کو متزلزل نہیں کیا تھا کیوں کہ وہ بہت دنوں سے اسے غلط راستے پر مڑ جانے والا گمراہ ہراول دستہ سمجھتا تھا۔

اس ناول کا دسواں باب بہ عنوان ’اپنے گھر کی تلاش‘ اپنے موضوعاتی پھیلاو، ایجاز بیانی، مطالعۂ کائنات اور حد درجہ ڈرامائی اسلوب اختیار کرنے کی وجہ سے ایک ایسا ثبوتِ ہنر بن گیا ہے جہاں کوئی فن کار فنی گرفت میں اوجِ ثریا تک پہنچ جاتا ہے۔ایک طویل مدت کے بعد مرکزی کردار اپنے آبائی وطن کا سفر اختیار کرتا ہے۔اسے اپنے والد اور پہلی محبوبہ یا دیگر رشتے داروں سے ملنا مقصود ہے۔کہانی میں آگے اور پیچھے کہیں ان سے لگاتار ملنے جلنے کا ذکر نہیں آتا۔اندازہ یہ ہے کہ مرکزی کردار اور اس کے آبائی وطن اور رشتے داروں سے تواتر کے ساتھ ملنا جلنا نہیں ہوتا رہا ہے۔مرکزی کردار ایک چھوٹے سے ریلوے اسٹیشن پر اترتا ہے۔وہاں سے رکشے پر بیٹھ کر اُسے اپنے گھر جانا ہے۔رات کا وقت ہے،اندھیرا ہے،غالبًا بجلی نہیں ہے۔

رکشے پہ اندھیری رات میں اپنے گھر کا پتا اور راستہ بتاتے ہوئے یہ مرکزی کردار درجنوں راستوں سے گزرتے ہوئے بار بار کسی ویران جگہ یا چٹیل میدان پر آکر رک جاتا ہے۔اپنے وطن میں واپسی ،آبا واجداد کی کوٹھی اور حویلی کی تلاش،شہر کاری اور غالبا فسادات کے جبر میں آبادیوں کے بسنے اور اجڑنے کے معاملات اس اندھیری رات میں عجیب وغریب صورت حال پیدا کرتے ہیں ۔مرکزی کردار رکشے والے کو اپنے گھر کا پتہ نہیں بتاتا ہے۔رکشے والے کے سوال پر اس کا جواب ہوتا ہے:

’’کہاں چلنا ہے بابو جی......؟‘‘

’’بس چلنا ہے...... باہر کا آدمی نہیں ہوں......اسی مٹّی کا یہ جسم ہے...... چلو...... میں تمہیں راستہ بتاتا چلوں گا...... بس فی الحال سیدھ میں آگے بڑھتے چلو ...مگر جلدی جلدی نہیں...... دھیرے دھیرے۔ایک مدت کے بعد یہ سب دیکھنا مقدر ہوا ہے تو راستے کے سارے مناظر کو جذب کرنا چاہتا ہوں۔‘‘

رات بھر مرکزی کردار اور رکشے پر سفر کا سلسلہ اپنے تمام تر ڈرامائیت کے ساتھ چلتا رہتا ہے۔کبھی جانے پہچانے راستے اجنبی ہو جاتے ہیں،کبھی آبادیاں انجانی بن جاتی ہیں۔حالت یہ ہوتی ہے کہ ساری تلاش وجستجو کے باوجود وہ گھر نہیں ملتا ہے۔مرکزی کردار کے متوازی ایک ہم زاد بھی ہوتا ہے جو اس کے اندر سے نیا سوال پیدا کر دیتا ہے۔ذیل کا اقتباس ہمیں ایک شبہے میں ڈالتا ہے کہ اس کا گھر ہے بھی یا نہیں؟ گھر تھا بھی یا نہیں؟ اقتباس ملاحظہ ہو:

’’بد بخت تیرا گھر اور تیرا علاقہ ہے....؟‘‘

اسے جیسے سکتہ لگ گیا۔ چہرہ سرخ ہوگیا۔ رکشے والے نے اسے جھنجھوڑا تو اس کا سکوت ٹوٹا۔

سچ مچ میرا کوئی گھر اور میرا کوئی علاقہ کہاں ہے......؟''

''اس بار مسجد والے راستے سے چلو......!''

نتیجہ پھر وہی چٹیل میدان۔ مندر والا راستہ بھی چٹیل میدان ہی تک پہنچا۔ یہاں تک کہ چرچ اور گورودوارے کے راستے بھی اسے چٹیل میدان کے علاوہ اور کہیں نہیں پہنچا سکے۔

اندھیری رات میں رکشے کے سفر میں شہر کی صورتِ حال اور ناولٹ کے ماحول سے جوڑے رکھنے کے لیے گھوڑوں کی ٹاپ، سرپٹ دَوڑنا اور کسی کے تعاقب میں کسی قوت کا آگے بڑھتے جانا بھی سامنے آتے رہتا ہے۔ رکشے والے نے تیز قدموں سے ایک مرحلے میں رکشا بڑھانا جب شروع کیا تو مرکزی کردار سے دورانِ گفتگو میں رکشے والے کا یہ بیان ابھر کر سامنے آتا ہے۔ چند جملے ملاحظہ ہوں:

''نہیں معلوم کیوں بابو جی ...... کبھی کبھی مجھے ایسا لگتا ہے کہ اَن گنت بھاری بھرکم بوٹ گھوڑوں کی ٹاپوں کی طرح سرپٹ دوڑتے ہوئے میرے رکشے کا پیچھا کر رہے ہیں...... مجھے روندنے کے لیے میرے تعاقب میں ہیں......''

گھر کی تلاش کا سادہ سا عمل رفتہ رفتہ پیچیدہ، الجھنوں سے بھرا ہوا اور پُر اسرار ہوتا جاتا ہے۔ کہانی کا سلسلہ پیچھے سے جوڑیں تو محسوس ہوتا ہے کہ فساد اور ترقی کی معکوس دوڑ کے بگاڑ کو یہاں بہ نظرِ توجہ شامل کیا گیا ہے۔ اس باب کے آغاز میں جب کسی عام راہ گیر سے بجلی نہیں ہونے کا سبب یہ مرکزی کردار پوچھتا ہے تو اس موقعے پر چند مکالمے اس طرح ادا ہوتے ہیں:

''کیوں بھئی....لائٹ کب سے آف ہے......؟''

''کیا کہا جائے بابو جی...... جب سے بڑے شہر میں بجلی کی سپلائی بڑھ گئی ہے، یہاں کا کوٹا کاٹ دیا گیا ہے......

''بہت دیر کے لیے روشنی غائب رہتی ہے ....اور آس پاس جو گاؤں ہیں، ان کا تو حال پوچھو ہی مت ....بجلی کے کھمبے ہوتے ہوئے بھی سب ایک کرن کو ترستے ہیں......کہیں کوئی پیداواری ہی نہیں ہوئی.!''

شوکت حیات اس باب میں تجسس اور پُراسراریت کو اپنی مٹھی میں قید کر کے رکھتے ہیں۔ اسی بیان کی طاقت کے سبب وہ قصے کو رکشے والے کے ساتھ اندھیری رات میں صبر و ضبط کے ساتھ بڑھاتے رہتے ہیں۔ رات بھر ایک دوسرے کی رہنمائی کرتے ہوئے یا ایک دوسرے کا ساتھ دیتے ہوئے کسی عالم

میں ایک دوسرے کے داخل میں اتر آتے ہیں ۔ مرکزی کردار خود رکشا چلانے لگتا ہے اور رکشے کی سیٹ پر رکشے والے کو بٹھا دیتا ہے۔ عین اسی وقت رکشے والا زار و قطار رونے لگتا ہے ۔ بے خودی میں وہ پھٹ پڑتا ہے اور ایک حقیقی بات بول جاتا ہے جس میں مرکزی کردار کا گھر ہی نہیں غائب ہوا، رکشے والے کا بھی ذاتی مکان اس کی نذر رہوا۔ روتے ہوئے رکشے والے کی گفتگو ان لفظوں میں ادا ہوتی ہے:

''تم جس علاقے ،جس بستی کو ڈھونڈ رہے ہو، اسے عرصہ پہلے بلڈوزروں نے چٹیل میدان میں تبدیل کر دیا..... میں بھی ہفتوں اسی طرح پورے شہر میں دیوانہ وار پاگلوں کی طرح چکّر کاٹتا ہوا بار بار اسی چٹیل میدان تک پہنچتا تھا...... بلڈوزروں نے سب کچھ اجاڑ دیا...... بھری پُری بستی کو ملبے میں تبدیل کیا اور پھر چٹیل میدان بنا دیا ...... میری دکان، میرا گھر اور تمام اہل وعیال زندہ درگور ہو گئے...... بیٹے میں نے تو صبر کر لیا تھا لیکن آج بار بار اس چٹیل میدان کو دیکھ کر پُرانے زخم ہرے ہو گئے...... بابو جی بابو جی...... تم سن رہے ہو......؟''

یہ باب شہر کاری، اس کے عتاب، کمزور لوگوں اور پرانی تہذیب کے بہ تدریج مٹنے کی کہانی بن گیا ہے۔ ترقی کی دَوڑ اور اس اندھیرے سفر میں ہم سے کیا کیا لٹتا جارہا ہے، اس کا کوئی احتساب نہیں کر رہا ہے۔ شوکت حیات نے اس باب سے اس ناولٹ کی فکری دنیا کو مزید استحکام بخشنے میں کامیابی پائی ہے۔ 'سرپٹ گھوڑا' میں شروع سے پراسراریت، ایک گم شدگی اور متوقع ، حادثات کی فضا قائم رہتی ہے۔ گھوڑوں کی ٹاپ سے لے کر پرندوں کی سرگرمیوں میں ان کے اثرات آسانی سے سمجھے جاسکتے ہیں۔ فساد کی کیفیت اور بچے کی حیات و موت میں مبتلا ہونے کی بے یقینی اس پراسراریت کو مہیب اور بتدریج خوفناک بناتی جاتی ہے۔ اس باب کی کہانی نہایت مختصر ہے۔ مرکزی کردار اپنے گھر کو تلاش نہیں کر پاتا ہے اور شکست خوردگی میں باب مکمل ہوتا ہے۔ اب قصہ پھر سے اسپتال اور بچے کی بیماری اور اس کی بے یقینی صورت حال میں داخل ہو جاتا ہے۔

یہ ناولٹ ملک کی بدلتی ہوئی صورتِ حال کی پیش کش اور ذہنی تبدیلیوں کا مرقع تو ہے مگر اسے سیدھے طور پر تسلیم کرنے کا کوئی رویہ دیکھنے کو نہیں ملتا۔ شوکت حیات اس بدلتے ہوئے ماحول، کھلے فرقہ وارانہ بٹوارے کو خوش دلی سے قبول نہیں کرتے۔ سماجی حقیقت پیش کرنے کے لیے انھیں ضرور دکھانا تھا کہ ہمارا معاشرہ بہت آسانی کے ساتھ بدل گیا اور فرقہ وارانہ تقسیم کے ثبوت بھی واضح ہیں مگر اس کی پیش کش میں شوکت حیات نے قدم قدم پر جرح، ردّ و قدح اور فکری مجادلوں کے مرحلے سے یہ سندیش بھی دیا ہے کہ اس تبدیلی کو سب نے بہ خوشی قبول نہیں کیا۔ رہ رہ کر مختلف کرداروں کے درمیان جو مباحثے ہوتے رہتے ہیں، اُن میں اس بکھراؤ کو قبول نہیں کرنے والے

افراد بھی خاصی تعداد میں ہیں۔ یہی نہیں، کہانی کا مرکزی کردار ہر مذاکرے کا حصّہ ہے اور اس فرقہ وارانہ تقسیم کو ایک لمحے کے لیے بھی قبول کرنے کے لیے تیار نہیں۔ بحث و مباحثے میں بھی اُس کی دلیلیں فرقہ پرستی کی دلیلوں کو بے نقاب کرتی ہیں اور اُس کا اعتماد ہمیشہ قائم رہتا ہے۔ اپنے گھر میں بھی بچے کے علاج کے سلسلے سے ڈاکٹر کے انتخاب کے مرحلے میں اگرچہ بیوی اور ہم زلف کی رائے اپنے ہم مذہب ڈاکٹر سے رجوع کرنے کی ہے۔ مگر یہ شخص اُسی ڈاکٹر کے پاس اپنے بچّے کو لے جاتا ہے جو اچھا تو ہے ہی مگر دوسرے مذہب سے اُس کا رشتہ ہے۔ جہاں جہاں ایسی تبدیلی اُسے نظر آتی ہے، اُس میں انسانی سوز اور دردمندی کے ساتھ ایک بے چارگی بھی دیکھنے کو ملتی ہے جس سے یہ سمجھنا مشکل نہیں کہ شوکت حیات سماج کے اندر ایسی قوتوں کی شناخت بھی کرنا چاہتے ہیں جن کے دماغ نہیں بدلے ہیں اور فرقہ وارانہ ہم آہنگی و خیر سگالی پر جنھیں پورا پورا بھروسہ ہے۔

شوکت حیات ناول کی حد تک مشاق نہیں کہے جاسکتے۔ افسانے کی دنیا میں ایک طویل ریاضت سے ان کا فنی شعور وضع ہوا ہے۔ اُن کے افسانوں میں عورتوں کے کردار زیادہ مستحکم کم کم ہی نظر آتے ہیں۔ شموئل احمد کی طرح شوکت حیات اپنی تحریروں میں ہر چند کہ عورتوں کے رسیا نہیں مگر ہم عصروں کے یہاں لاشعوری کے طور پر بھی لین دین کا ایک سلسلہ رہتا ہے۔ ناول کے پہلے باب میں ہی جس زہریلے پمفلٹ کا تذکرہ شروع ہوا ہے، اُس میں ذیل کی سطریں توجّہ سے پڑھی جانی چاہیے:

> ''ان کے گھروں میں کام کرتے وقت عورتوں کو رجھانے اور پھنسانے کی کوشش کرو
> اور اپنے لِنگ انھیں دکھاؤ تاکہ وہ تم میں دلچسپی لیں اور پھر موقع پاکر ان کے ساتھ
> بدکاری کرو۔''

'شب خوں' میں شایع ہوتے ہوئے اس اقتباس کا لفظ ('لنگ') غالباً مدیر کی توجّہ سے (ڈنڈبَل) ہوکر تحریر کی تہذیب اور ناموس کے مدِّ نظر قارئین کے سامنے آتا ہے۔

عورتوں کے جسم کے تعلق سے بڑھی ہوئی دل چسپی کا اظہار بارہویں باب سے پندرہویں باب تک جاری رہتا ہے۔ ایسا کہنا تو مشکل ہے کہ ایسی ساری تفصیلات غیر ضروری اور قصّے سے باہر کی دنیا سے متعلق ہیں مگر ایسا یقین نہیں آتا ہے کہ قصّے کی حقیقی اور فطری دنیا کا یہ سب حصّہ ہیں۔ یہ توجیہ پیش کی جاسکتی ہے کہ اسپتال کی مشکل اور حبس زدہ صورتِ حال میں قصّے کے مرکزی کردار کی ذہنی کیفیت ان تفصیلات سے ایک سہارا پالیتی ہے۔ Emotional Relief کی کئی صورتیں ممکن ہیں اور پیچیدہ حالات میں یہ ناممکن نہیں کہ اپنے بچے کی بیماری کی الجھن اور لگاتار اسپتال میں قید ہوئے کردار کو پڑوس میں اک جسم و جان کی اٹڑھ کود دیکھنے، گفتگو کرنے اور اس کے سہارے خوابوں کی ایک لمبی دنیا تیار کر لینے کو غیر فطری ماننا پورے طور پر

درست نہیں۔ ذیل میں چند مثالوں سے یہ سمجھا جا سکتا ہے کہ شوکت حیات صرف احتجاج اور انقلاب کی کہانیاں لکھنے پر قدرت نہیں رکھتے تھے بلکہ وہ زندگی کے نرم، ملایم اور اصل جذبوں کو مردانہ لذتیت کے ساتھ پیش کرنے میں خصوصی توجہ رکھتے ہیں۔ یہ الگ بات ہے کہ 'سرپٹ گھوڑا' کے بنیادی قصّے میں رومانیت، شہوانیت یا ایسی کیفیات کے لیے کچھ خاص گنجائش چھیڑ کر قارئین کے ارتکاز ذہنی کا امتحان نہیں لیا گیا ہے۔ زیادہ سے زیادہ ہم یہ کہہ سکتے ہیں کہ انھوں نے اپنے ناول میں دل چسپی بڑھانے یا قارئین کی توجہ مبذول کرانے کے لیے تھوڑا سا نمک یا مسالے کا اضافہ کیا ہے۔ چند اقتباسات بغیر تبصرے کے یہاں پیش کیے جاتے ہیں:

■ ''اس کے باوجود کس کر لپیٹی ہوئی آسمانی رنگ کی ساری، اور تنگ سلیولیس اور بیک لیس بلاوز سے اس کا گدرایا ہوا جسم ابلا پڑ رہا تھا۔ مصیبت کے ان ناگوار لمحوں میں بھی وہ اس کے بدن کی جگمگاہٹ دیکھ کر مسحور اور مبہوت ہو کر رہ گیا۔

■ ''بھینی بھینی خوشبو سے معطر عورت کا گداز کولھا مرد کی گود گرما رہا تھا۔ ہوش اڑا دینے والے مدور اشتعال انگیز کولہے مرد کے اندر شدید ابال پیدا کر رہے تھے۔ ان کے جسم میں چیونٹیاں رینگنے لگیں۔

عورت کے بدن کی گداز چربدار پہاڑی کی سخت و نرم گولائیوں کے لمس سے مرد کے جسم میں شرارے چھوٹ رہے تھے۔

خون کا درجہ حرارت بڑھ گیا۔

نسیں پھٹنے لگیں۔

سانسیں تیز تیز اور تیز۔

گھوڑے کی چکنی پیٹھ پر سوار مرد اور عورت اشتعال انگیز ہچکولے کھا رہے تھے۔

کیف و مستی کے عالم میں قطرہ قطرہ دونوں کا وجود پگھلتے ہوئے ایک دوسرے میں سرایت کر کے ضم ہونے کا سفر اختیار چکے تھے۔''

ناول کا چوتھا باب جس کا عنوان 'مسجد کا امام' ہے، خلافِ معمول ایک نئے موضوع اور صورتِ حال کا عکّاس ہے۔ شوکت حیات مزاج سے یک سر مذہبی نہیں تھے اور اُن کی تحریریں کھلے طور پر اعلان کرتی ہوئی ملتی ہیں کہ وہ مذہبی سماج سے خود کو الگ رکھنے کے ہی خوگر تھے۔ فساد کے ماحول میں یہ باب بڑے نپے تلے انداز میں لکھا گیا ہے۔ مسجد کا امام نوجوان ہے، صحت و تندرستی کا مالک ہے اور دلیر بھی ہے۔ محلّے میں مخالف صنف میں اس کی خاموش مقبولیت کی وجہ سے اپنے ہم مذہب جوانوں میں اُس کے تئیں ایک جذبۂ رقابت

پیدا ہو جاتا ہے۔فسادات کے دوران محلّے کے نوجوان مسلمان اُسے مار کر کنواں میں پھینک دیتے ہیں اور اس طرح اُسی فرقے کے افراد کے ہاتھوں اُس امام کا قتل ہوتا ہے۔شوکت حیات نے اِس باب کو بڑے نپے تلے انداز میں، بغیر کسی اشتعال کے اور نمک مرچ لگائے بغیر مکمّل کیا ہے۔موضوع پر اُنھیں پورے طور پر قدرت حاصل ہے اِس لیے نہ اِسے چٹخارا بننے دیتے ہیں اور نہ ہی کسی سنسنی خیز کیفیت تک پہنچا کر قارئین کو الگ تھلگ کر دیتے ہیں۔محض پانچ صفحات میں مکمّل ہوا یہ باب اپنے آپ میں ایک بہترین تخلیقی شہ پارہ ہے۔

پہلے باب میں ہی محض چار صفحے کے بعد پیڑوں پر بیٹھے رنگ برنگے پرندے اپنے پروں کو پھیلاتے ہوئے تیزی سے اڑتے ہوئے نظر آتے ہیں۔صرف ’گنبد کے کبوتر‘ کو مت سوچیے،شوکت حیات کے یہاں گھونسلا، کوّا، تھکا ہوا پرندہ، شتر مرغ جیسے افسانوں کی آمد یوں ہی نہیں ہوئی ہے۔پرندے شوکت حیات کے یہاں اپنے عہد اور زندگی کے کچھ ایسے زندۂ جاوید کردار کے طور پر نظر آنے لگتے ہیں جیسے یہ محسوس ہو کہ ’پنچ تنتر‘ اور ’منطق الطیر‘ کے صفحات ہم ملاحظہ کر رہے ہوں۔یاد رہے کہ شوکت حیات بیانیہ کی اس روایت کے پیرو کار نہیں،اس لیے اس کی تجرید کچھ اس انداز سے ہوتی ہے کہ ایک ایک جملے یا بیان کی ایک لہر میں تہذیبِ انسانی کا ایک لمحہ یا ایک مکمّل دَور پیشِ نظر ہے۔

بے شک ’گنبد کے کبوتر‘ میں ان کا فن حیرت انگیز منتہا پر ہے۔مگر ’سرپٹ گھوڑا‘ میں بھی الگ الگ ابواب میں کم از کم دس بار یہ پرندے آتے ہیں۔کبھی زخم دے جاتے ہیں اور کبھی خود زخم سے نڈھال نظر آتے ہیں۔کبھی ان کے پر ہمیں بے چین کرتے ہیں تو کہیں خود ان کی اڑان میں تھک جانے کی کیفیت نظر آتی ہے۔زندگی کی یہ وہ انجانی سطحیں ہیں جہاں فکشن میں بیان اور شعر میں الفاظ تھکتے ہوئے نظر آتے ہیں۔اسی مرحلے میں بڑا فن کار استعارے گڑھتا ہے اور پیکر بناتا ہے۔تجرید کا ایک مشکل عمل شوکت حیات کے یہاں معنوی ترسیل کے امکانات کے دروازے پہلے سے ہمارے سامنے کھلے طور پر پیش کرنے کے لیے تیار رہتا ہے۔

یہ بات غور کرنے کی ہے کہ اس ناول کا نام ’سرپٹ گھوڑا‘ کیوں رکھا گیا؟ ناول کے چھٹے باب میں پہلی بار یہ گھوڑا سرپٹ دوڑتا ہوا نظر آتا ہے۔اس باب کا عنوان ’پُر اسرار گھوڑے کی ٹاپ‘ رکھا گیا ہے۔چھٹے باب سے لے کر ناول کے اواخر تک گھوڑے کی ٹاپ موجود ہے۔کسی بڑے فن کار کے کسی خاص استعارے کو حتمی طور پر یہ بتا دیا جائے کہ اس کا کون سا مفہوم یقینی ہے تو سچی بات یہ ہے کہ اس کا طلسم ہی ضائع ہو جائے گا۔ممکن ہے،شوکت حیات کے ذہن میں ’سرپٹ گھوڑا‘ اقتدار اور استحصال کی قوتوں کے شکنجے کا بہ تدریج حاوی ہونے کا اشاریہ ہو مگر ناول میں جس طرح رہ رہ کر سرپٹ گھوڑے کی ٹاپ اور اس کی آوازوں کا بہ تدریج بڑھنا معلوم ہوتا رہتا ہے۔اس سے ایسا محسوس ہوتا ہے کہ یہ معنی شاید اس حد کو متعین کر دے۔گھوڑا طاقت کا استعارہ

ہے۔سودا نے اسے زوال کی علامت بنا کر پیش کیا ہے ایم۔ایف۔حسین نے اس گھوڑے کو شہوانی قوت کے طور پر رنگوں کے امتزاج سے تیار کیا ہے۔شوکت حیات بھی اس استعارے کو کچھ اور بڑے معنوں میں پیش کرنے کا ارادہ رکھتے ہیں۔ناول کے آغاز میں انھوں نے غالب کا مشہور شعر یوں ہی نہیں پیش کیا ہے:

رو میں ہے رخشِ عمر کہاں دیکھیے تھمے نے ہاتھ باگ پر ہے نہ پا ہے رکاب میں

پہلا مطلب تو یہی واضح ہے کہ یہ 'سرپٹ گھوڑا' اصل میں زندگی کی قوت ہے۔ہار اور جیت، دوڑ اور بھاگ، سب سے ہم آخر پائیں گے کیا؟ اس سے یہ سمجھا جا سکتا ہے کہ یہ ناول اپنی زندگی کی ہار اور جیت کی کہانی ہے اور 'سرپٹ گھوڑے' کی ٹاپ رفتہ رفتہ اور مدھم اور ختم ہونے کی نشانی ہے۔غالب کے شعر کو پیش کرتے ہوئے شوکت حیات نے اسی طرف ہمارے ذہن کو لے جانا چاہا ہے۔

مگر اچھا تخلیقی فن کار اپنے پڑھنے والوں کا امتحان لیتا ہے۔غالب کو تو اس کے لیے شہرت حاصل رہی ہے کہ معنی کی جتنی سطحیں آپ طے کریں، وہ اس سے سوا نظر آئیں گے۔شوکت حیات اگر اپنی زندگی یا اپنے گھر یا اپنے ماحول کی زندگی کو مرکز میں رکھتے اور عمر کے گھوڑے کے بکھراو پر مرتکز ہوتے تو قصّے میں آخر بچے کے صحت مند ہونے اور رہ رہ کر زندگی کے نئے منظرناموں کی تلاش کے مراحل کیوں کر ابھر کر سامنے آتے۔سولھواں باب جو حقیقت میں محض چند لفظوں میں مکمل ہوا ہے۔اس میں ناول نگار نے جس احتیاط اور انضباط کے ساتھ واقعات جلدی جلدی میں جوڑے ہیں۔وہاں آخر میں یہ حالت ہو جاتی ہے کہ مرکزی کردار کی زبان سے ایک لفظ ادا نہیں ہوتا۔یہ ایک دو انسانی زندگی کا زخم نہیں بلکہ تاریخ و تہذیب اور حیات و کائنات کی ازلی اور ابدی حقیقتوں کا وہ منظر نامہ سامنے آ جاتا ہے جس کو میر نے کہا: ان صحبتوں میں آخر جانیں ہی جاتیاں ہیں'۔شوکت حیات نے واقعی حیاتِ انسانی کا نوحہ اس ناول کے چند صفحات میں سمو دیا ہے۔

سرپٹ گھوڑا

پہلا باب

زہریلا پمفلٹ

رو میں ہے رخش عمر کہاں دیکھئے تھمے
نے ہاتھ برگ پر ہے نہ پا ہے رکاب میں

دفتر کا ایک چپراسی تھکے ہوئے گھوڑے کی طرح اسی کی طرف بڑھا آرہا تھا۔ اسے اندیشہ ہوا کہ کوئی ہنگامہ اٹھ کھڑا ہوا ہے اور بحیثیت جنرل سکریٹری شاید اسے ڈھونڈا جارہا ہے۔

کچھ دیر پہلے کئی اسٹاف مل کر اس زہریلے پمفلٹ کو پڑھ چکے تھے جسے خفیہ طریقے سے بانٹا گیا تھا اور جو اتفاق سے ان کے ہاتھ لگ گیا تھا۔ اس پمفلٹ میں چند نکات حسب ذیل تھے:

☆ جس وقت کسی لیڈر کی طرف سے تمھیں طلب کیا جائے فوراً تیار ہو جاؤ۔

☆ راستوں میں مارچ کے دوران زوردار پٹاخے چھوڑو۔

☆ حملہ ایسی جگہ کرو جو تمہارے اپنے علاقے سے دور ہو تاکہ لوگ تم کو پہچان نہ سکیں۔

☆ سامنے سے حملہ ہرگز نہ کرو بلکہ ہمیشہ پیچھے سے وار کرو۔

☆ رات کی تاریکی میں فساد کی آگ زیادہ بھڑکاؤ۔

☆ کسی بھی قیمت پر پولیس کو اس کا موقع نہ دو کہ وہ تمہارے اسلحہ پکڑ سکے۔

☆ ان کے گھروں میں کام کرتے وقت عورتوں کو رجھانے اور پھنسانے کی کوشش کرو اور اپنے لِنگ انھیں دکھاؤ تاکہ وہ تم میں دلچسپی لیں اور پھر موقع پاکر ان کے ساتھ بدکاری کرو۔

اس پمفلٹ کے تعلق سے کچھ دیر پہلے ان کا آپسی مباحثہ بے حد دلچسپ تھا، بالکل فلمی انداز کا۔

''یہ سب حرام زدگی ہے۔ ایک خاص تنظیم اور فرقے کو خواہ مخواہ بدنام کرنے کی سازش۔ ذرا

سوچیے، وہ بھی تو آخر انسان ہیں گوشت پوست کے انسان، ان کی بھی ماں بہنیں اور بیٹیاں ہیں۔ انھیں بھی امن اور شانتی کی ضرورت ہے۔'' ایک نے فرمایا۔

''تو گویا آپ نہیں مانتے کہ فسطائیت کی تلوار ہمارے سروں پر لٹک رہی ہے؟'' دوسرے نے سوالیہ لہجے میں اپنی بات کہی۔

''سارا معاملہ غلط تقسیم کا ہے اور اس کی ذمہ داری کسی فرقے پر نہیں، اس گھناؤنی مقتدر سیاست کے سر جاتی ہے جو یہ سمجھتی تھی کہ یہ بڑا ملک متحدر ہا تو ایک دن دنیا کی سب سے بڑی طاقت بن جائے گا۔'' تیسرا دور کی کوڑی لایا۔

''سچ پوچھو تو دونوں طرف کے معصوم بے گناہ لوگ مفت میں مارے گئے۔ اقتدار کے اس گھناؤنے تاریخی کھیل میں۔'' چوتھے نے تیسرے کی حمایت کرتے ہوئے ٹکڑا لگایا۔

پانچویں نے کہا:

''گاندھی جی کا رول بھی صحیح نہیں تھا۔ انہوں نے انگریزوں، نہرو اور پٹیل کی دلی منشا اور موقف کا ساتھ دیا۔ مولانا آزاد اور جناح کسی قیمت پر تقسیم نہیں چاہتے تھے۔ ذرا غور کرو کیا وجہ ہے کہ معمولی معمولی باتوں پر ستیہ گرہ کرنے والے گاندھی جی نے اتنے بڑے ایشو اور مسئلے پر ستیہ گرہ جیسے اپنے آزمودہ اور مجرب نسخے کا استعمال نہیں کیا...... گاندھی جی انسانیت نواز ضرور تھے، لیکن برطانوی سامراج اور ہندوستانی جاگیر داری اور پونجی واد کے حامی تھے۔ اور اسی لیے شہید پیر علی، اشفاق اللہ، بھگت سنگھ اور دوسرے انقلابیوں کی رہائی کے سلسلے میں ان کا رویہ مشکوک تھا۔ یہ لوگ کمیونسٹ تھے اور جاگیرداری اور سرمایہ داری کے مخالف......''

چھٹے نے بات اچک لی:

''دیکھو بھائی...... صاف اور سیدھی بات ہے۔ اس میں کوئی لاگ لپیٹ نہیں...... انگریزوں نے تاج و تخت مسلمانوں سے حاصل کیا تھا۔ جاتے وقت انہیں اس اقتدار کو مسلمانوں کی امانت سمجھتے ہوئے انہیں واپس لوٹانا چاہیے تھا لیکن انگریز ایک سازشی اور مفاد پرست قوم ہے جو ہر معاملے میں اپنے مفاد کو فوقیت دیتی ہے......آزادی اور تقسیم دونوں اس نے اپنے مفاد کے تحت منظور کیا۔''

چوتھا گویا ہوا:

''کیوں نہیں دونوں ملکوں یعنی ہندوستان اور پاکستان کا کنفڈریشن بن جائے......یعنی وفاق...... نیپال جانے کے لیے جس طرح ہمیں پاسپورٹ کی ضرورت نہیں پڑتی ویسے ہی پاکستان جانے کے لیے بھی پاسپورٹ کی ضرورت کو ختم کیا جائے۔ آخر ہم دونوں سگے بھائی ہیں سوتیلے نہیں بلکہ ہم دونوں تو

جڑواں بھائی ہیں۔دونوں ملکوں کے درمیان ''نو وارٹریٹی'' کرلیا جائے۔ذرا سوچو......یقیناً مزہ آئے گا جب ہم دونوں ہر جگہ آزادانہ سیاحت کریں گے،گھومیں گے، پھریں گے......زندگی کا حقیقی لطف اٹھائیں گے...... ہم اپنی من چاہی جگہ پر دم توڑتے ہوئے سکون سے نروان اور موکچھ حاصل کریں گے جہاں ہمارے بچپن گذرے۔اس زمین کی گود......تبدیل ہو جائیں گے۔بچّوں میں ماں کی گود......باپ کے مشفق کندھے......ہم لوگوں کی دنیا آن واحد میں کیا سے کیا ہو جائے گی۔ہم لوگ آزاد پرندوں میں......

تیسرے نے ایک فلسفیانہ بات کہی:

''میں بہائی مذہب کی کتابوں کی نمائش میں گیا تھا۔وہاں میں نے بورڈ پر ان کے پیغمبر حضرت بہاء اللہ کے اس جملے کو جلی حروف میں لکھا ہوا دیکھا کہ ساری دنیا ایک ملک ہے اور سب انسان اس کے شہری ہیں......ذرا سوچو......بہت پہلے وید میں بھی یہی کہا گیا تھا کہ وسدیو کٹمبھ کم......قرآن شریف میں بھی کہا گیا ہے کہ الحمد للہ رب العالمین......سمجھ میں نہیں آتا کہ ہم ٹکڑوں میں بٹ کر آخر کن ملعون کی سازشوں کے شکار ہوئے......یقیناً مقتدر طاقتوں کے......کیا ہم لوگوں کو ان کے خلاف آواز نہیں اٹھانی چاہیے؟اور آواز ہی نہیں ،ان کے خلاف بغاوت نہیں کرنی چاہیے۔عملی بغاوت......ٹھوس بغاوت......انقلاب آفریں بغاوت۔''

تو کیوں نہ جرمنی کی طرح ہم بھی دیوار ڈھا دیں؟'' پہلے نے اپنی بات کہنے کے بعد داد طلب نگاہوں سے سب کی طرف دیکھا۔

''میرا خیال ہے یہ پمفلٹ ان لوگوں کی سازش ہے جو خوف کی سائیکی پیدا کر کے ووٹ بینک پر قبضہ بنائے رکھنا چاہتے ہیں۔'' کچھ دیر کی خاموشی کے بعد پہلے والے عقل مند نے ایک نیا خیال ظاہر کیا۔

''نام نہاد سیکولر طاقتیں کم جواب دہ نہیں جو گھوٹالوں پر پردہ ڈالنے، سرخرو بننے اور کرسی برقرار رکھنے کے لیے اس خوبصورت لفظ 'سیکولرزم' کا استعمال کرتی ہیں۔ذرا سوچو یہ اگر صحیح ہوتے تو سانپوں کو سر ابھارنے کا موقع ملتا؟'' دوسرے نے ایک اور نئی بات کہی۔

''جو بھی ہو، سیکولرزم بہت خوبصورت تصور ہے۔چھتّیس ،چھبّیس ،چھتّیس جیسی آنکھوں کو خیرہ کرنے والی گداز گل بدن کے تصور سے بھی زیادہ!'' بہت دیر کی سنجیدہ گفتگو کے بعد ایک کو مذاق سوجھا۔اس نے آنکھ مارتے ہوئے شوشہ چھوڑا۔

''بھائی عجیب زمانہ ہے کہ اب بادشاہ بھی مجرم ہے اور رعایا بھی۔''

ابھی سب کے چہروں پر زیرلب مسکراہٹ ٹھیک سے رینگ بھی نہ پائی تھی کہ کسی نے پھر ایک گہرا نکتہ پیش کر دیا۔

''بادشاہت......؟''

سب کے سب ہنسنے لگے۔

ان کی کھلکھلاہٹ اور فلک شگاف قہقہے سن کر پیڑوں پر بیٹھے رنگ برنگے پرندے اپنے پروں کو پھڑ پھڑاتے ہوئے تیزی سے اڑ گئے۔ اڑتے اڑتے بل کھاتے ہوئے انہوں نے ہنسنے والوں کو اچٹتی ہوئی نظروں سے دیکھا۔ کیسے جیالے لوگ ہیں۔ اس عالم میں بھی دل کھول کر ہنستے ہیں۔ اور الوداع کہتے ہوئے فضا میں اونچے اور اونچے اڑتے چلے گئے اور دور آسمان میں غائب ہو گئے لیکن ہنسی کا دورہ مکمل ہونے کے بعد وہ سب گہرے سوچ میں مستغرق ہو گئے۔

دوسرا باب

سرنہوڑائے پرندہ اور ناگہانی

وہ سب ایک ہی فرقے کے بندے تھے۔

اس کامپلکس کے مختلف کرایہ دار دفتر میں کام کرتے تھے۔ ان کے درمیان شہر کی اس کثیف فضا میں عام دنوں کے نفاق کے باوجود کچھ زیادہ ہی قربت پیدا ہو گئی تھی۔

حالات اچھے نہیں تھے، لیکن زندگی تو رکتی نہیں۔ مرنے والوں کے ساتھ سارے زندہ لوگ تو مر نہیں جاتے۔ زندگی اپنے زخموں کے اندمال کا راستہ خود ڈھونڈ لیتی ہے۔ سچ مچ زندگی کی سخت جانی بھی خوب تھی۔ ورنہ قیامت کب آ گئی ہوتی۔ بھلا اس طرح کے زہریلے پرچوں سے نامیاتی زندگی کو کوئی فرق پڑنے والا تھا۔

اب عوام خاصے بیدار مغز ہو چکے۔ وہ سمجھتے تھے کہ ان کا استعمال کیا جا رہا تھا۔ جو کچھ ہوا بہت بُرا ہوا۔ لیکن ہوائیں ہمیشہ طوفانی انداز میں نہیں چل سکتیں۔ لمحاتی اور عارضی جھونکا ہوتا ہے ان کا۔ سب کے سب یہی غور کر رہے تھے کہ فسطائی طاقتوں کی اس طرح کی سازشوں کا کیسے مقابلہ کیا جائے؟ کون سی راہ اختیار کی جائے؟

اس کا خیال تھا کہ لوگ خواہ مخواہ پریشان تھے۔ طوفان گذر چکا تھا اور اب طغیانی اور تلاطم پیدا کرنے کی کوشش عبث تھی۔ ویسے سب لوگ محتاط تو تھے ہی۔

''اپنی تیاری پر نظر ثانی کر لینی چاہئے۔ لیکن یہ تو وہ لوگ کریں گے جو پاکٹس میں رہتے ہیں۔ وہ بے چارے کیا کریں جو اغیار کے علاقوں میں بکھرے پڑے ہیں؟'' کسی نے تردد بھرے لہجے میں سوال کیا۔

''جہاں مورچہ بندی ہوگی وہاں اینٹ کا جواب پتھر سے دینے کے لیے انہیں ہمہ وقت تیار رہنا ہوگا، جو لوگ خود کو سیکولر دکھانے کے لیے دوسروں کے علاقے میں رہتے ہیں، ان سے ہمیں کوئی مطلب نہیں۔'' دوسرے نے عملی بات پر مبنی جواب دینے کے بجائے منفی خیالات کا اظہار کیا۔

''کمال کرتے ہو''، پہلے نے ٹوکا۔ قدرے توقف کے بعد اس نے اپنی بات پوری کی۔

''سوچنا تو سب کے بارے میں ہے۔ انسان اور شیطان کے ٹرمس میں کیوں نہیں لیتے؟ شیطانوں کا کوئی مذہب نہیں ہوتا۔ ہم الگ رہ کر ان کی مہلک ذہنیت کا مقابلہ نہیں کر سکتے۔ اس طرح تو فاصلے بڑھتے جائیں گے۔ کچھ لوگ اگر ان کے ساتھ رہتے ہیں تو پوری ملت کی طرف سے رشتہ استوار کرنے کا نیک کام کرتے ہیں۔''

اس کی طرف بڑھتا آ رہا چپراسی اب چند قدم کے فاصلہ پر تھا۔

''جاؤ نپٹو اس مصیبت سے۔ میں نے کہا تھا کہ جنرل سکریٹری بننے کے جھنجھٹ مت مول لو۔ ڈھنگ سے اپنے مسائل پر ہم غور و خوض بھی نہیں کر سکتے۔'' اس کے دفتر کے ایک ساتھی نے چپراسی کی طرف اشارہ کرتے ہوئے کہا۔

چپراسی نزدیک آ گیا۔

''سر، ایک صاحب آپ کو ڈھونڈ رہے تھے۔ آپ کو ادھر اُدھر بہت تلاش کیا گیا۔ اس نئے اڈّے کی تو کسی کو خبر ہی نہ تھی۔ انہوں نے ایک پرزہ دیا ہے۔ شاید آپ کے بیٹے کی طبیعت خراب ہے۔''

اس نے ہاتھوں میں پرزہ لیا۔ عجلت میں لکھی ہوئی تحریر تھی۔

''محترم!

''آپ کے گھر سے بذریعہ فون آپ کی ڈیڑھ سس کے یہاں یہ خبر آئی ہے کہ آپ کے بیٹے کی طبیعت بہت خراب ہے۔ آپ کے ساڑھو گھر پر نہیں ہیں اس لیے آپ کی ڈیڑھ سس نے مجھے آپ کو دفتر میں خبر کرنے کے لیے کہا۔ آپ سے فون پر رابطہ کرنے کی کوشش کی گئی تھی لیکن ناکامی ہوئی۔ جیسے ہی یہ پرزہ ملے اپنے گھر کی طرف روانہ ہو جائیے۔ آپ کی ڈیڑھ سس آپ کے گھر کے لیے نکل چکی ہیں۔۔ خدا آپ کے بیٹے کی صحت بحال کرے۔

''میں آپ کے لیے اجنبی ہوں۔ میرا نام جان کر کیا کیجئے گا، بس جلدی کیجئے۔''

اس نے سوچا کہ صبح اپنے بیٹے کو اچھے بھلے طریقے سے اسکول کے لیے رخصت کیا تھا۔ پھر یہ ناگہانی مصیبت کہاں سے وارد ہوئی؟ اس نے ذہن پر زور دیا۔ کچھ یاد کرنے کی کوشش کی۔ ادھر کچھ دنوں سے اس کا بیٹا مضمحل دکھائی دے رہا تھا۔ لیکن اتنا بھی کیا سیریئس معاملہ ہو سکتا تھا کہ بیوی کو اسے خبر کرانے کی ضرورت آن پڑی؟ ناگاہ اسے اس زہریلے پرچے کا خیال آیا۔ کسی نے بچّے کو اغوا تو نہیں کر لیا؟

اس نے پُرزے کو دوبارہ پڑھا۔ اس کا بچہ غائب نہیں ہوا تھا۔ اسے کسی بیماری نے آ لیا تھا۔ لیکن کون سی بیماری نے؟

ابھی ابھی جتنے یار دوست اور شناسا اسے حلقے میں لیے ہوئے تھے سب کے سب دھیرے دھیرے

کھسکنے لگے۔ایک دورہ گئے جنہوں نے کہا کہ فوراً اپنے اپنے گھر کا رخ اختیار کرنا چاہئے۔اسے لگا کہ وہ بھری پُری دنیا میں بالکل یکہ وتنہارہ گیا ہے۔سرنہواڑے پرندے کی طرح بازوؤں میں منہ چھپا کے بسورتا ہوا۔لیکن نہیں،اس نے جی کڑا کیا۔اگر وہ اس طرح نروس ہوا تو آنے والے سخت حالات کا مقابلہ کیسے کرے گا؟

تیسرا باب

جس تن لاگے وہ ہی جانے

وہ سڑک پر آگیا اور اپنے گھر کی طرف جانے والے کرائے کے ٹمپو کا انتظار کرنے لگا۔

شائی شائیں،اس کی بغل سے گاڑیاں گذررہی تھیں۔آدمیوں کی ریل پیل اور جم غفیر میں ٹمپو میں سیٹ حاصل کرنا مشکل تھا۔پریشانی میں وہ پیدل ہی آگے بڑھنے لگا۔جہاں پر بھی ٹمپو میں خالی سیٹ ملے گی،سوار ہو جائے گا۔شاید اگلے اسٹینڈ پر گاڑی ملنے میں اتنی دشواری نہ ہو۔بھیڑ بھاڑ اور ٹھیلم ٹھیل میں اس کا کندھا چھل رہا تھا۔اس کی اضطرابی کیفیت بڑھ رہی تھی۔ہونٹ کانپ رہے تھے۔ہاتھ پاؤں میں تھرتھراہٹ تھی۔کہیں اس کا اکلوتا بیٹا......

اس کی بیوی بار بار کہتی تھی کہ اکلوتا بچہ بہت بڑی مصیبت ہوتا ہے۔بار بار اس پر دوبارہ اٹمپٹ لینے کے لیے زور ڈالتی تھی۔شاید پھر بیٹا ہو جائے۔اور وہ بیوی کے ہزار سمجھانے کے باوجود خاندانی منصوبہ بندی کی احتیاطی تدابیر سے باز نہ آتا تھا۔پہلے ہی دو بیٹیاں تھیں،مزید بیٹے کے چکر میں وہ پھر کسی بیٹی کا باپ بننے سے احتراز کرتا تھا۔کئی مرتبہ بیوی نے بطور احتجاج راتوں میں اس کے پاس پھٹکنے سے گریز کیا تھا۔ پاس ہوتی تو جھلا کر کروٹ بدل لیتی۔وہ بھی اڑیل تھا۔ذہنی پریشانی اور مختلف قسم کے تناؤ جھیلنے کے بعد اکثر دیر رات میں واپس آتا تو اس کے جسم میں بیوی پر تصرف کے لائق سکت نہ بچتی۔کئی دنوں کے بعد صبر وضبط کا باندھ ٹوٹنے پر تھک ہار کر بیوی کو ہی بچوں کو لانگھ کر اس کی بغل میں آنا پڑتا اور اس طرح اس کی احتیاط کی شرط کے آگے لجاتے شرماتے وہی سر جھکاتی۔کبھی کبھی شوہر کو اپنا منتظر پا کر شرم وحیا کا لبادہ اتار پھینکتی۔اس کی گرم گرم سانسیں تیز چل رہی ہوتیں۔معلوم ہوتا کہ اس کے بازوؤں نے پناہ نہ دی تو وہ ٹوٹ کر بکھر جائے گی۔ پتہ نہیں عورت اپنے جسمانی تقاضوں کے تحت خود سپردگی کرتی تھی یا اس اندیشے سے کہ اس کے عدم التفات کے سبب کہیں اس کا مرد کسی دوسری عورت کے چکر میں نہ پڑ جائے؟

اسے حیرت ہوئی۔اس کٹھور مصیبت کے وقت بھی اسے یہی سب سوجھ رہا تھا۔اپنے ذہن کو جھٹکا دیا۔اس کا اکلوتا بیٹا گردش میں تھا اور وہ......

سچ مچ اکلوتا بیٹا بہت خراب ہوتا ہے۔اکثر مصیبتوں میں مبتلا رہتا ہے۔مسز ٹھاکر کا اکلوتا بیٹا حال ہی میں جاں بحق ہو گیا۔اسٹوڈنٹ مومنٹ میں پڑ گیا تھا۔علی گڑھ کا واقعہ تھا۔اکثر بہاری بچے جہاں رہتے

ہیں چھائے رہتے ہیں۔ پڑھائی، کھیل کوداور رنیتا گیری، بہاری بچہ کہیں پچھلا نہیں بیٹھتا۔ آگے آگے تھا بہار کا لعل اور مسز ٹھاکر کا اکلوتا سپوت۔ بات زیادہ بڑھ گئی۔ پولیس کی شرارت، گولی چلی اور...... لیکن مسز ٹھاکر نے تو صبر کرلیا...... یا خدا مجھ سے کیا بھول ہوگئی؟

بہت پہلے دل کے ہاتھوں مجبور ہوکر مسز ٹھاکر نے اسلام قبول کر کے ایک مسلمان سے شادی کرلی تھی۔ لوگ سمجھنے لگے تھے کہ بیٹے کی موت کے بعدان کا اسلام سے اب ناتا ہی ختم ہوجائے گا۔ لیکن عجیب تھی وہ عورت۔ بڑی مشکلوں کے بعداس نے قرآن شریف پڑھنا سیکھا تھا۔ بجائے اس کے کہ وہ کسی طرح ردعمل میں پڑ کر اپنے پرانے دھرم میں واپس آجاتی، اس کے گھر سے رات گئے تلاوت کلام پاک کی رقت بھری آواز آتی رہتی...... اللہ...... اللہ.. کیسے کیسے ہیں تیرے بندے۔ تو مصیبت بڑھاتا جاتا ہے اور تیرے ساتھ ان کی قربت بڑھتی جاتی ہے۔ اس کا جیسا آدمی ہوتا تو وہ شاید کب کا اللہ میاں سے...... اس کی بیوی مسز ٹھاکر کی درد بھری آواز میں تلاوت قرآن پاک سن کر اسے جگاتی۔

''ارے سنتے ہو؟ اس کو کہتے ہیں آزمائش اور امتحان میں سرفرازی حاصل کرنا...... ایسے کڑے وقتوں میں دوسرا کوئی ہوتا تو خدا جانے کون سی شیطانی حرکتوں پر آمادہ ہوجاتا۔''

وہ کہتا۔ ''بے وقوف ہے مسز ٹھاکر۔ خواہ مخواہ سمجھتی ہے کہ خدا اس کا امتحان لے رہا ہے اور اسے صبر وشکر کرتے ہوئے ارتفاع حاصل کرنا ہے۔ میں ہوتا تو کب کا اس طرح کے سانحے سے گذرنے کے بعد خدا کو گڈ بائی کہہ دیتا۔''

اگلے اسٹینڈ پر بھی اسے ٹمپو نہیں ملا۔ کیا اسے اسی طرح پیدل گھر جانا پڑے گا؟ اس طرح تو اس کا بچہ...... میری بیوی کتنی پریشانی میں ہوگی۔ لیکن کیا ہوا ہوگا میرے بچے کو؟ کہیں اسکول واسکول میں چھت سے گر ور تو نہیں گیا؟ کمبخت آج کل اسکول والے بھی چھوٹے چھوٹے کرائے کے گھروں میں بچوں کو سڑاتے ہیں۔ اس کے بچے کا اسکول چھ منزلہ عمارت میں تھا۔ یہ سوچ کر اس کے دل کی دھڑکن اور بڑھ گئی، ٹخنے میں کچھ جام سا ہونے لگا۔ اب آگے چلنا اس کے لیے کچھ اور بھی مشکل تھا۔ وہ رک گیا۔ جو ہونا تھا وہ تو ہوگا ہی...... بچے کو اگر کچھ سیریس ہو ہی گیا تھا تو وہ کیوں جان دے؟ بہت ہوا...... اب اگر ٹمپو ملے گا تبھی وہ اس میں سوار ہوکر گھر جائے گا۔ پیدل چلنے کی اس میں سکت نہ تھی۔ لگ رہا تھا کہ ایک قدم بھی چلا تو گر پڑے گا۔

اس نے دونوں ہاتھ سینے پر کس لیے۔ ایسا معلوم ہوتا تھا کہ سینے کے اندر دھڑکنے والی چیز سکڑنے سمٹنے لگی ہے، عجیب درد اور تناؤ، اس نے سفاک سڑک پر بھرے بھرے ٹمپوؤں کو گذرتے دیکھا اور سوچا کاش اس کے پاس ایک اسکوٹر ہوتا۔ اس کے زرد ہونٹوں پر ایک پھیکی مسکراہٹ رینگ گئی۔

چوتھا باب

مسجد کا امام

شہر میں حال ہی میں فرقہ وارانہ فساد ہو چکا تھا۔ چیزیں تو نارمل ہو گئی تھیں، لیکن اب بھی لوگ نو بجے رات کے بعد ایک دوسرے کے علاقے سے گذرتے ہوئے ڈرتے تھے۔ ملی جلی آبادی والے علاقے ٹھیک ٹھاک تھے۔ بلکہ فسادات کے زمانے میں بھی ان علاقوں میں کرفیو نافذ کرنے کی ضرورت نہیں پڑی تھی۔ ایسا لگتا ہی نہیں تھا کہ ملی جلی آبادی والے وہ علاقے اسی شہر کا حصہ ہیں۔

پرانے علاقوں میں فساد کی شروعات بھی کچھ عجیب ڈھنگ سے ہوئی تھی۔ ایسا شک تھا کہ کوئی نہ کوئی تنظیم اس معاملے میں کارگر تھی، ورنہ قدیم شہر کی پرانی مسجد کا نوجوان امام یوں اچانک غائب نہ ہوتا۔ اور کچھ ہی دن بعد اسی محلے میں واقع اندھے کنوئیں سے بدبو نہ اٹھتی، حالانکہ اس علاقے کا خاکروب اس کنوئیں کو کوڑے کرکٹ سے پاٹنے میں خلاف معمول کئی دنوں سے بہت فعال دکھائی دیتا تھا۔

نوجوان امام ذرا دلیر قسم کا آدمی تھا اور سنگین حالات میں بھی کسی سے خوف نہ کھاتا تھا۔ اسے خدا پر یقین کامل تھا اور اپنے اجداد کے سینکڑوں سالوں تک حکمراں رہنے کے افتخار سے اس کا سینہ سرشار تھا اور اس سرشاری کا اظہار جمعے کے خطبے میں وہ اکثر کرتا رہتا تھا۔ اب اس کو کیا کیجیے کہ اپنوں میں بھی ایسے لوگوں کی معتد بہ تعداد تھی جنھیں اپنی خوبیوں کے سبب وہ ایک آنکھ نہ بھاتا تھا۔

کلہاڑی میں لکڑی کا دستہ نہ ہوتا تو لکڑی کے کٹنے کا رستہ نہ ہوتا...... دلیپ کمار کی فلم ''کرانتی'' کا یہ مشہور مکالمہ محض مفروضہ نہیں تھا۔ محلے کی کچھ لڑکیاں امام کی باتوں سے زیادہ اس کے کسے ہوئے بازوؤں کی مچھلیوں اور کھوئی کھوئی آنکھوں پر فریفتہ تھیں۔ کچھ مسلمان فیشن زدہ لونڈے جوان لڑکیوں پر اپنا حق پیدائشی سمجھتے تھے، یہ دیکھتے ہوئے کہ امام کی بھرپور جوانی کے سامنے ان کی دال نہ گلتی تھی خواہ مخواہ اس سے خار کھائے بیٹھے تھے۔۔نوجوان امام گلیوں سے گذرتا تو کتنی ہی کھڑکیوں پر متعدد نوجوان لڑکیاں، (اور بعض عمر دراز اور تجربہ کار عورتیں بھی) لوگوں کی آنکھ بچا کر اسے للچائی نظروں سے دیکھتی تھیں۔

نوجوان امام مسجد کی اوپری منزل پر ایک کمرے میں اقامت پذیر تھا۔ وہ فجر سے ایک گھنٹہ پہلے اٹھتا۔ ضروری حوائج سے فارغ ہو کر یوگ آسن اور ڈنڈ بیٹھک کرتا، اس کے بعد منہ دھوتا۔ منھ دھونے میں اپنے حلق کی صفائی کے لیے وہ نرخرے پر زوردار طریقے سے دباؤ دیتے ہوئے اس زور سے غیں غیں کی آوازیں نکالتا تھا کہ آس پاس کے لوگوں کی نیند اچٹ جاتی۔ کئی نوجوان لڑکیاں تو اس سے پہلے ہی اٹھ جاتیں اور ادھ کھلی کھڑکی سے لنگوٹ میں کسے ہوئے اس کے گٹھیلے بدن اور بازوؤں کی مچھلیوں کی ایک جھلک

پانے کی آس میں اپنی کھڑکی پر آ کر بیٹھی رہتیں۔

شروع میں امام کو اس بات کا اندازہ نہیں تھا کہ وہ صنف نازک کی خفیہ اور ہوسناک توجہات کا مرکز بنا ہوا تھا۔لیکن نماز فجر کے بعد مسجد سے چائے کے ہوٹل تک جاتے ہوئے اسے متعدد کھڑکیوں سے آہٹیں اور سسکاریوں کی آوازیں سنائی دینے لگیں تو اسے احساس ہوا کہ شاید اس کی اذان اور قرأت میں ایسا جادو ہے کہ مسلمان تو مسلمان، ہندوؤں کو بھی وجد آ جاتا ہے۔ایک دفعہ مسجد کی کمیٹی نے امام صاحب کی مصروفیت کا بوجھ کم کرنے کے خیال سے جب ایک مؤذن مقرر کیا تو محلے میں عجیب تماشا ہوا۔

مسجد کے مینارے سے ایک مریل سی آواز گونجی تو کھڑکیوں کے پٹ بند ہونے لگے۔ پیشانیوں پر بل پڑ گئے۔لوگوں نے وجد طاری کرنے والی آواز نہیں سنی تو مسلمان تو مسلمان، چند ہندو بھی معترض ہوئے کہ فضا میں اپنی آواز سے جادو بکھیرنے اور شفق کی سرخیوں میں چمک پیدا کرے والا وہ پرانا مؤذن کہاں گیا؟ مسجد کمیٹی کے لوگوں کو لگا کہ یہ کام غلط ہوا۔ بات یہ تھی کہ مسجد کے فنڈ میں کمی نہیں تھی۔اس علاقے کے بیشتر مسلمان آسودہ حال تھے۔علاوہ ازیں مسجد کے نیچے کٹرے بنے ہوئے تھے جن میں کرایہ دار مختلف اشیا کی دکانیں کھولے ہوئے تھے۔ان سے اچھی خاصی کرائے کی آمدنی تھی۔

مسجد اور چائے کی دکان کے درمیان ایک پتلی گلی تھی جس کے ذرا پیچھے سنسان اور جنگل جھاڑ والا علاقہ شروع ہوتا تھا، وہیں ایک غیر آباد کنواں بھی واقع تھا جس کا پانی شاید کسی زمانے میں اس علاقے کے کھیتوں میں آبپاشی کے لئے استعمال کیا جاتا رہا ہوگا۔اب وہاں پانی کوئی نہ بھرتا تھا اور کنوئیں کے آس پاس کوڑے کرکٹ کے ڈھیر جمع ہونے لگے تھے۔سارے محلے کا کوڑا کچرا میونسپلٹی کا خاکروب وہیں پر لا کر پھینکتا تھا جہاں سے ہفتے دس دن میں قریب کی سڑک پر آ کر رکنے والے کوڑے کرکٹ کے ٹریکٹر میں اسے منتقل کیا جاتا تھا۔

مسجد کمیٹی کے سکریٹری نے نوتقرر مؤذن سے کہا کہ تم مسجد کی دوسری کارگذاریاں سرانجام دو اور وضوخانے اور دیگر امور کی نگرانی پر مامور ہو جاؤ۔ اذان دینے کا کام حسب سابق امام صاحب ہی کریں گے۔دوسرے وقت جب امام صاحب کی اذان کی آواز گونجی تو علاقے کے لوگوں کے کام تھوڑی دیر کے لیے رک گئے۔ بیڑی بنانے والے رحمت نے بیڑی بنانا چھوڑ دیا۔گاہک دکاندار سے چیزیں مانگنا بھول گئے۔ بلرام کیسری کی دکان میں تولتے ہوئے ترازو اپنی جگہ تھم گئے۔لگا کہ سارا علاقہ اور اس علاقے کی ساری زندگی اس ایک آواز کے نقطے پر آ کر ٹھہر گئی ہے۔علاقے میں چاروں طرف سناٹا چھا گیا۔ جب تک امام صاحب کی اذان جاری رہی، سب کے سب دم بخود رہے۔

واقعی امام صاحب کی آواز میں بلا کی تاثیر تھی۔ پاٹ دار اور گونجتی ہوئی آواز ،لیکن اس میں عجیب

لوچ اور کھنک تھی، جیسے پرانے گھنٹے کی آواز کسی دشت میں گونج رہی ہو۔ کیا بانگِ درا اسی کو کہتے ہیں؟ اذان کی آواز سنتے ہی کیا ہندو کیا مسلمان، کیا بوڑھے کیا جوان، سب کے سب قبل از وجود کی ازلی آہٹوں سے ہم آغوش ہو جاتے۔ اذان کی تان جب فضا کا سینہ چیرتے ہوئے آسمان کا رخ اختیار کرتی تو لگتا کہ سننے والوں کے دلوں کو بھی اپنے ساتھ اٹھائے لئے جائے گی۔

"بھئی ماننا پڑے گا کہ مسلمانوں کے مذہب میں دَم ہے، کم سے کم اس لونڈے کی اذان میں تو جادو ہے۔" بلرام کیسری کہتے۔

"یہ دنیا فانی ہے۔ اوپر بہت اوپر ساتویں آسمان کے اوپر ہی اصل زندگانی ہے۔"

اذان ختم ہونے کے بعد بعض لڑکیاں اپنا سر جھٹکتیں اور امام کے کسے ہوئے بدن کے تصور سے ان کی رگوں میں کچھ نئی لہریں اور چونٹیاں رینگنے لگتیں۔

لیکن محلے کے بعض مردوں کو نوجوان لڑکیوں کی یہ آوارہ خیالی بھلا کیوں گوارا ہوتی۔

نماز عشا کے بعد طعام کے ارادے سے مسجد اور ہوٹل کے درمیان سنّاٹے علاقے کو پار کرتا ہوا، اکیلا امام اچانک گھات لگا کر بیٹھے ہوئے محلے کے متعدد لونڈوں کے نرغے میں تھا۔ جم کر مقابلہ ہوا۔ امام نے آخری سانسیں لیتے ہوئے اپنے والد کے کندھے اور ماں کی آغوش کو یاد کیا...... پھر اپنی غریبی اور مفلسی جس نے اسے انگریزی پڑھائی کے بجائے مدرسے کی سستی پڑھائی سے گذر کر امامت کا پیشہ اپنانے پر مجبور کیا...... آخری سانسوں کا تلاطم...... ماں باپ کی محرومی اور اپنی بے بسی......

کرفیو نافذ تھا۔ لوگوں کو پتہ ہی نہ چلا کہ امام صاحب کہاں رہ گئے۔ کچھ لوگوں نے گمان کیا کہ کرفیو میں کہیں رک گئے ہوں گے، لیکن جب کرفیو کھلا تو اذان کی بدلی ہوئی آواز سے سب کے سب ہراساں تھے۔ مسجد کمیٹی کے ارکان کی سمجھ میں نہ آیا کہ امام صاحب کے سلسلے میں کیا کارروائی کی جائے۔ کئی دن بعد کرفیو پوری طرح ٹوٹا تو محلے کے خاکروب کے ساتھ چند اوباش نوجوانوں کو سرگوشی کرتے ہوئے دیکھا گیا۔ اس نے کوڑے کچرے کے ڈھیر کو کنوئیں کے اندر پھینکنا شروع کر دیا۔ لیکن انسانی وجود بھلا اتنی آسانی سے گمنامی قبول کرتا ہے؟ بدبو کا تعاقب کرتے کرتے لوگ آخر کار اس کنوئیں تک پہنچ ہی گئے۔ پیکر کی تمسیخ نے پوری شخصیت کو اجنبی وجود میں تبدیل کر دیا تھا۔ سارا علاقہ بلکہ سارا شہر، ماتم کے گہرے سمندر میں غرق ہو گیا۔ کوئی کسی سے بات نہ کرتا۔ معلوم ہوتا سب کی کوئی عزیز ترین شے گم ہو گئی۔ ایک سوگواری اور نحوست ساری فضا میں پھیل گئی۔

"بے چارہ بہت بھلا آدمی تھا۔"

یہ ایسا دنگا تھا جس میں تعیش پسند امیر زادے مسلمان لونڈوں نے ایک مفلوک الحال مسلمان کا قتل

کیا تھا۔اس دنگے کو کیا نام دیا جائے۔

''کیا بے داغ جوانی تھی اس کی۔''

''اس کا بانکپن، اس کے چلنے کا انداز، واہ واہ کیا بات تھی!''

''اس کی تقریر کی شیرینی اور آواز کی بلندی، سبحان اللہ!''

''دلوں ہی نہیں آسمان میں چھید کرنے والی اس کی اذان کی اونچائی اور نوکیلا پن!''

''شاید اذان بلالی اسی کو کہتے ہیں۔''

''حق مغفرت کرے بے چارہ شہید مرا۔''

''مسلمانوں کے ہاتھوں ایک مسلمان کی شہادت۔''

''انٹرنیشنل اسلامک برادرہوڈ۔''

پانچواں باب

ہم ہوں گے کامیاب

اس نے خود کو ملامت کی کہ بیٹا مر رہا تھا اور اسے شہر میں گذرے ہوئے پرانے اور وہ بھی رنجیدہ کن واقعات یاد آرہے ہیں! اس نے گویا نیند سے چونک کر گرد و پیش کو دیکھا۔ بھیڑ یوں ہی رواں تھی۔ ایک احساس بے چارگی کے ساتھ اس نے گذرتی ہوئی گاڑیوں کو دیکھا۔ اس کا جی چاہا کہ کسی سے لفٹ مانگ لے، لیکن معلوم ہوتا تھا کہ جسم و جان میں کوئی سکت ہی نہیں رہ گئی۔ زبان گنگ ہے اور بدن اپنے قابو میں نہیں۔ اسے شرم بھی آرہی تھی، مان لو موٹر والا حقارت سے انکار کر دے تو؟

''پلیز......ذرا سنئے......'' اس کے آگے آواز لڑکھڑا جاتی۔

گاڑیاں اس کے نزدیک سے شائیں شائیں گذر رہی تھیں۔ وہ ہکا بکا دیکھتے ہوئے بھی کچھ نہ دیکھنے والے کی طرح گاڑیوں کی پچھلی کھڑکیاں اور ان کے اگزاسٹ سے نکلتے ہوئے ہلکے گدلے دھوئیں کے ارتعاش کو تکتا رہ جاتا۔ پوری سڑک اسے کاٹ کھانے کو دوڑ رہی تھی۔ اس کا بس چلتا تو وہ اڑ کر اپنے گھر پہنچ جاتا۔

اسے اپنے معصوم بچے کا چہرہ یاد آیا۔ نہ معلوم کس حال میں ہے اس کا اکلوتا بیٹا۔

اس پر ہذیانی کیفیت طاری ہونے لگی۔ اسے لگا وہ سڑک پر کھڑا کھڑا کاٹھ ہو جائے گا۔ اچانک ایک ٹمپو اس کے پہلو میں آکر رکا۔ خدا کا شکر ادا کیے بغیر وہ لپک کر ٹمپو کی سیٹ پر تقریباً گر پڑا اور زور زور سے ہانپنے لگا۔ بغل میں بیٹھے ہوئے ہم سفروں نے خیال کیا کہ وہ کہیں سے دوڑا چلا آرہا ہے۔ حالانکہ وہ محض تیز قدموں سے لپکتا ہوا چل رہا تھا، وہ دوڑا نہیں تھا۔ اس نے دل میں سوچا ازل سے گردش اور بے سروسامانی

اس کے پیچھے پڑی ہوئی ہے۔ گردش اور طوفان اور بھنور۔ نہ جانے کب سے اس کے پاؤں کہیں زمین پر اطمینان اور آسودگی سے زمین پر ٹکنے سے معذور رہے ہیں۔

پرندے کے بازو اڑتے اڑتے شل ہو گئے تھے۔ بہت اونچائی پر جا کر اس نے جسم کو ڈھیلا چھوڑ دیا تھا۔ اس کی قوت پرواز جواب دے چکی تھی، اب آنکھیں بھی دھندلانے لگی تھیں۔

کہیں گھر پر بھیڑ نہ لگی ہو اور اس کا بیٹا......

اس سے آگے سوچتے ہوئے اس کے اوسان جاتے رہے۔ پھر کیا رہ جائے گا زندگانی میں؟ وہ تو کسی نہ کسی طرح صبر کر لے گا۔ اس کی بیوی کا کیا بنے گا جس کی زندگی اور امیدوں کا مرکز وہی آنکھوں کا تارا رہ گیا تھا؟ اس کی پوری جوانی شوہر کی محدود آمدنی کی وجہ سے عسرت اور تنگ دستی میں بسر ہوئی۔ اب تو بس بیٹا ہی اس کے ذہن میں سوئی پڑی خواہشوں اور پژمردہ امنگوں میں رنگ بھر سکتا تھا۔

ٹمپو اس کی قیام گاہ سے تھوڑے فاصلے پر رکا۔ آگے کا راستہ اسے پیدل چلتے ہوئے طے کرنا تھا۔ اس سے چلا نہیں جا رہا تھا۔ دروازہ دستک دیئے بغیر کھل گیا۔ لوگ اس کے آنے کی راہ دیکھ رہے تھے۔ اس کی بیوی روتے ہوئے اس سے لپٹ گئی۔

''منّے کو بچاؤ۔''

وہ حواس باختہ اتنا ہی پوچھ سکا۔ ''کیا ہوا اسے، کہاں ہے وہ؟''

''اسکول سے لوٹنے کے بعد اچانک اسے بخار آ گیا اور مسلسل بڑھتا ہی چلا گیا۔ میں نہ کہتی تھی کہ میرا بچہ ان دنوں بیمار چل رہا ہے، لیکن تم ڈاکٹر اور دواؤں کے خرچ کے ڈر سے میری بات ایک کان سے سن کر دوسرے کان سے اڑاتے رہے۔''

یہ ایک تلخ حقیقت تھی کہ جیب کی حالت دیکھتے ہوئے وہ علاج معالجے کے جھنجھٹ سے بچنا چاہتا تھا۔ لیکن اسے یہ اندازہ نہیں تھا کہ نوبت یہاں تک پہنچ جائے گی۔ اس کے نزدیک ان دنوں ڈاکٹر اور ڈاکو میں زیادہ فرق نہیں رہ گیا تھا۔

''اب کیسا ہے وہ؟ اس نے گھبراہٹ پر قابو پاتے ہوئے سوال کیا۔

اس کے سارٌھو پہنچ گئے تھے۔ انھوں نے کہا۔ ''اب گھبرانے کی کوئی بات نہیں ہے۔ لیکن کچھ دیر پہلے معاملہ سیریس تھا۔ اسے ایک سو چھ ڈگری بخار ہو گیا تھا۔ خدا بھلا کرے بغل والے پڑوسی کا کہ جنھیں معلوم ہوا تو فوراً سارے بدن کو پانی سے بھیگے ہوئے کپڑے سے پونچھنے لگے۔ ان کی اس کارروائی نے بخار ڈاؤن کیا۔ اب ایک سو ایک ڈگری ہے۔ لڑکا اب خطرے سے باہر ہے۔ لیکن علاج تو ہونا چاہئے۔''

اس کی ڈیڑھ سس اس سے مخاطب ہوئیں اور ملامت آمیز لہجے میں بولیں:

"آپ بہت نظر انداز کرتے ہیں بچے کو۔ میری بہن تو کئی دنوں سے آپ کو کہہ رہی تھی کہ بچہ نحیف و لاغر ہوتا چلا جا رہا ہے، اس کے چہرے پر زردی چھا رہی ہے مگر آپ نے اس کی بات کو ہمیشہ ہوا میں اڑا دیا۔ بچہ پیدا کیا ہے تو اس کا خیال رکھنا ہی پڑے گا۔ پیسے کو دانت سے پکڑیئے گا تو بچے سے ہاتھ دھونے پڑیں گے۔"

وہ کیا بولتا؟ ٹکر ٹکر دیدم دم نہ کشیدم والا معاملہ تھا۔ بچے کو حسرت بھری نظروں سے دیکھنے کے علاوہ اس کی سمجھ میں کچھ نہ آیا۔

کچھ دیر بعد ہوش ذرا بحال ہوئے تو اس نے دوا علاج کی تدبیروں بات اٹھائی۔ سوال یہ تھا کہ کس ڈاکٹر کو دکھایا جائے اور وہاں تک کیسے جایا جائے؟ طے ہوا کہ ایک خالی ٹمپو میں سب لوگ پرانے شہر چل کر وہاں کے کسی اچھے ڈاکٹر کو دکھائیں اور اس کے گھر کا علاقہ چونکہ شہر کے کنارے پڑتا تھا اس لیے احتیاط کے پیش نظر ساڑھو صاحب کے یہاں آج کی رات گذاری جائے۔ بخار اگر پھر بڑھ گیا تو مین شہر میں ہونے کی وجہ سے ڈاکٹر سے ربط پیدا کرنے میں آسانی رہے گی۔ علاوہ ازیں اس کے ساڑھو کے یہاں ٹیلی فون کی سہولت تھی جس سے ڈاکٹر سے رائے مشورہ کرنے میں آسانی ہوسکتی تھی۔

اس نے ڈاکٹر روی کانت کو دکھانے کی تجویز رکھی۔ بیوی مصر ہوگئی کہ کسی قیمت پر وہ ہندو ڈاکٹر کو نہیں دکھائے گی۔ اس زہریلے پرچے اور شہر کے حالیہ واقعات کی وجہ سے وہ خوف زدہ تھی۔

اس نے کہا۔ "کیا کروگی، اللہ میاں اسی ڈاکٹر پر مہربان ہیں۔ شہر کے مسلمان ڈاکٹروں کے ہاتھ میں شفا ہی نہیں۔ پھر فائدہ کیا ان سے علاج کرانے کا؟ پیسہ خرچ کرنا ہے تو صحیح جگہ پر خرچ کیا جائے۔"

لیکن اس کی ڈیڑھ سس اور اس کے ساڑھو بھی ہندو ڈاکٹر سے علاج کے لیے راضی نہ تھے۔ اس پرچے کا ان لوگوں پر بھی اثر تھا۔

"دیکھو بھائی اپنا تو اپنا ہی ہوتا ہے۔ اور ایسے حالات میں جب کہ خفیہ تنظیمیں اس طرح سے لوگوں کا دماغ زہر آلود کر رہی ہیں، اکلوتے بچے کے علاج کے لیے کسی ہندو ڈاکٹر پر کیسے بھروسا کیا جا سکتا ہے؟"

"یہ پرچہ بکواس ہے۔ کوئی ڈاکٹر اپنے پیشے سے غداری نہیں کرسکتا۔ اس کی قسم، اس کا پیشہ، یہی اس کا اصل مذہب ہے۔ اور پھر سب سے بڑی بات یہ ہے کہ میرا بچہ جب جب بیمار ہوا ہے اسی ڈاکٹر کے علاج سے ٹھیک ہوا ہے۔" اس نے حتمی انداز میں کہا۔

اس آخری دلیل کا کوئی جواب نہ تھا۔ بادل ناخواستہ بیوی اور دیگر لوگ اسی ڈاکٹر کے یہاں چلنے

پر آمادہ ہو گئے۔ ٹمپو منگایا گیا، سب کسی نہ کسی طرح بچے کو سنبھالتے ہوئے ڈاکٹر روی کانت کے یہاں پہنچے۔

طویل مدت تک انتظار کرنے کے بعد جب ڈاکٹر نے اس کے بچے کو دیکھا تو بولا:

''گھبرانے کی کوئی بات نہیں۔ وائرل انفکشن ہے ٹھیک ہو جائے گا۔''

اس نے اسپورجل اور کئی دیگر دوائیں تجویز کیں۔ اس رات سارتھو نے انھیں اپنے یہاں رکنے کا مشورہ دیا۔ دوسری صبح بخار پھر ایک سو چھ ڈگری ہو گیا۔ عجب بے بسی تھی۔ سارتھو نے نسخے پر مطبوعہ ٹیلی فون نمبر دیکھ کر ڈاکٹر کو ٹیلی فون کیا اور بتایا کہ بخار پھر ایک سو چھ ڈگری ہو گیا تھا تو ڈاکٹر نے ٹی۔ سی ڈی۔ سی اور ملیریا کے ٹسٹ کی ہدایت کر کے رپورٹ کے ساتھ بچے کو لانے کی تاکید کی۔ ڈاکٹر کے لہجے میں بھی اضطراب کی جھلک نمایاں تھی۔ اس نے خود دوائیں لکھی تھیں، اس کے بعد بخار بڑھنے کا سوال نہیں تھا۔ لیکن بخار شاید اب اس کی دواؤں کا تابع نہیں رہ گیا تھا۔

سب لوگ پھر ڈاکٹر کے یہاں تھے۔

اس بار معلوم ہوا کہ بچہ بے حد کمزور ہو گیا ہے، اس لیے اسے گلوکوز چڑھانے کی ضرورت ہے۔ اس کی بیوی کو روتا ہوا دیکھ کر ڈاکٹر نے بچے کو نرسنگ ہوم میں بھرتی کرانے کی ہدایت کی۔ اب ان کے سامنے پریشان کن سوال یہ تھا کہ اس نئی مصیبت کا سامنا کس طرح کیا جائے۔ ڈاکٹر کا نرسنگ ہوم شہر کے دوسرے علاقے میں واقع تھا۔ درمیان میں ایک طویل اوور برج تھا۔ اس کی پریشانی دیکھ کر بھیڑ میں سے ایک اجنبی شخص اس کے قریب آیا۔

''جی میرا نام لالہ سورج نندن ہے۔ آپ لوگ بہت پریشان معلوم ہوتے ہیں۔ کیا میں آپ کی کوئی مدد کر سکتا ہوں؟''

سب چپ ہو گئے۔ کون ہے یہ اجنبی، اس کا کیا مقصد ہے؟ کیا یہ پیشہ ور قرض دینے والا ہے؟ جتنا نقد گھر میں تھا، سب ختم ہو چکا تھا۔ آگے کے علاج کے لئے مزید روپئے درکار تھے۔ اس کے سارتھو نے کہا۔

''دراصل ان کا اکلوتا بچہ بہت بیمار ہے، اس لیے پریشان ہیں۔ ڈاکٹر نے کلینک میں ایڈمٹ کرنے کی ہدایت کی ہے۔ سوچ رہے ہیں کہ کیا کیا جائے۔''

اس آدمی نے کہا۔ ''اس میں گھبرانے کی کیا بات ہے؟ پیسے اگر گھٹ رہے ہوں جناب تو میں حاضر ہوں۔ میں نہیں چاہتا کہ آپ کا بچہ علاج کے بغیر......''

اس آدمی کی آنکھیں کہیں ویرانے میں اٹک گئیں، لیکن دوسرے لمحے اس نے جیب سے پرس نکال لیا۔ ''لے لیجئے صاحب۔ کبھی موقع ملے گا تو ادا کر دیجئے گا۔ فی الحال اپنا کام مت روکئے۔ یہ دوستانہ پیش کش ہے، مجھے صلے میں کچھ نہ چاہیئے۔''

اس کی بیوی اس فرشتے کو ممنون نگاہوں سے دیکھ رہی تھی۔ وہ حیرت زدہ تھی کہ اس پرچے کی کھلی

ہوئی زہرنا کی کے باوجود ایک ہندو کی طرف سے اس طرح مدد کی پیشکش آئی تھی۔ اس نے دل ہی دل میں شوہر کی اس بات کی گہرائی کا اعتراف کیا کہ ابھی سارے کے سارے لوگ خراب نہیں ہوئے۔ مشترکہ تہذیبی ورثہ اور انسانی جذبہ ابھی ایسا مردہ نہیں ہوا تھا کہ ہر انسان اس طرح کے شرارت انگیز پرچوں کی شرانگیزی پر پر عمل درآمد شروع کر دے۔ پھر تو زندگی کا کوئی جواز ہی نہیں رہے گا اور انسان جنگلوں کے عہد میں پہنچ جائے گا۔ بلکہ جنگل کے عہد سے بھی بدتر حالت میں، اس لئے کہ جنگلی سماج میں بھی کچھ نہ کچھ منصفانہ اصول وضع کر لئے گئے تھے اور باہمی وجود کو تسلیم کرتے ہوئے سماج کی تشکیل کا مرحلہ طے کر لیا گیا تھا۔ ایک تقسیم کا زخم ہی ایسا کاری تھا کہ نہ جانے کتنے لوگ اب تک جانبر نہ ہو سکے، اب مزید تقسیم کسی قیمت پر نہیں۔ بلکہ موقع ملے تو......
دونوں جرمنی ایک ہو سکتے ہیں تو کیا ہندوستان، پاکستان اور بنگلہ دیش پہلی والی حالت میں واپس نہیں آسکتے؟ ہم بیدار ہو جائیں تو یہ دیواریں تحلیل ہو جائیں۔ اس نسل میں نہیں تو شاید آنے والی نسل میں لوگوں کی نیند ٹوٹے اور وہ جان لیں کہ طاقتور انسانوں نے اپنے آمرانہ مقاصد کے حصول کے لئے دھرتی پر لکیریں کھینچ دی تھیں اور آج تو ہم عالمی انسانی سماج اور گلوبل گاؤں کی سمت بڑھ رہے ہیں......

ہم ہوں گے کامیاب رہم ہوں گے کامیاب ایک دن
من میں ہے وشواس ر پورا ہے وشواس
ہم ہوں گے کامیاب رایک دن
ہوگی شانتی چاروں اور، ہوگی شانتی چاروں اور
ہوگی شانتی چاروں اور رایک دن
ہو ہو من میں ہے وشواس ر پورا ہے وشواس
ہم ہوں گے کامیاب رایک دن
ہم چلیں گے ساتھ ساتھ رڈالے ہاتھوں میں ہاتھ
ہم چلیں گے ساتھ رڈالے ہاتھوں میں ہاتھ
ہم چلیں گے ساتھ ساتھ رڈالے ہاتھوں میں ہاتھ
ایک دن رہو ہو من میں ہے وشواس
پورا ہے وشواس رہم ہوں گے کامیاب
ایک دن رنہیں ڈرے ہیں ہم
نہیں ڈرے ہیں ہم رنہیں ڈرے ہیں ہم

نہیں ڈرے ہیں ہم/ایک دن

ہو ہو من میں ہے وشواس/ پورا ہے وشواس

ہم ہوں گے کامیاب/ایک دن

سراسیمگی کے عالم میں بھی کلینک کے باہر پان کی دکان میں ریڈیو پر بجتے ہوئے اس گیت کو سن کر وہ اپنے بیٹے کی پریشانی بھول گیا

بیوی نے ٹہوکا دیا۔ ''کیا فیصلہ کیا؟''

پہلے چلو ساڑھو بھائی کے گھر، ٹھنڈک شروع ہوگئی ہے۔ سامان تو لینا ہوگا۔ یہاں سے ڈائرکٹ کلینک جانا مناسب نہیں۔''

ساڑھو بھائی کو بھی یہ تجویز معقول معلوم ہوئی۔ انھوں نے کہا کہ گھر چل کر سب لوگ کھانا کھالیں اور پھر ضروری سامان لے کر کلینک کے لیے روانہ ہوں۔

چھٹا باب

پراسرار گھوڑے کی ٹاپ

جب رکشا طویل اوور برج سے گذر رہا تھا تو چڑھائی کے سبب بوڑھے رکشے والے سے رکشا کھینچنا پار نہیں لگ رہا تھا۔ بیٹے کا بخار جوں کا توں تھا۔ اس وقت وہ، اس کی بیوی اور اس کا بچہ رکشے پر سوار تھے۔ ساڑھو نے کہا تھا کہ تم لوگ آگے بڑھو، پیچھے سے میں اسکوٹر پر سوار ہو کر کلینک پہنچتا ہوں۔

اسے لگا کہ ایک جگہ رکشا آگے بڑھنے کا نام نہیں لے رہا ہے، چڑھائی بہت سخت ہے۔ اسے نہ معلوم اپنے بچے پر رحم آیا جسے فوری علاج کی ضرورت تھی یا بوڑھے رکشے والے کا پسینے پسینے اور ہلکان ہونا اسے گوارا نہ ہوا کہ وہ خود رکشے سے اتر گیا اور رکشے کو پیچھے سے دھکیلنے لگا۔ اسے لگا کہ وہ رکشے کو نہیں اپنے آپ کو آگے ڈھکیل رہا ہے۔ چوڑی پختہ سڑک پر بھاری بے ڈول رکشے کو ڈھکیلتے اور اس کے ساتھ دوڑتے ہوئے وہ خود ہانپنے لگا۔ دفعتاً اسے لگا کہ کہیں دور سے کوئی گھوڑا اس کی طرف سرپٹ دوڑتا چلا آرہا تھا۔ ملگجے اندھیرے میں گونجتی ہوئی ٹاپیں سن کر اس کے رونگٹے کھڑے ہوگئے۔ سرپٹ گھوڑے کی پاؤں کی دھمک بتدریج قریب آتی جارہی تھی۔

اس نے اپنے آپ کو کوسا، مالک مکان کو گالیاں دیں جس نے اس کی مسلسل گذارشوں کے باوجود پانی ٹنکی میں بلیچنگ پاؤڈر ڈالنے سے گریز کیا تھا۔ حرامزادہ ایک تو عام طور پر ٹنکی سے وافر مقدار میں پانی مہیا کرنے سے کتراتا تھا، کبھی ٹنکی پورے طور پر بھرتا ہی نہ تھا۔ دوسرے کبھی ٹنکی کی صفائی کی طرف دھیان نہیں دیتا تھا۔ ایسے میں وائرل انفکشن تو ہونا ہی تھا۔ وہ لوگ اب تک کس طرح بچتے آرہے تھے، یہ حیرت انگیز تھا۔ اس کے دیگر

دوستوں نے کرائے کے مکانوں میں رہتے ہوئے فلٹر کا انتظام کر رکھا تھا۔لیکن ایمانداری کی سوکھی تنخواہ میں کیا فلٹر کے لیے ہزار بارہ سو روپے مختص کرنا آسان تھا؟ کمینہ ذلیل سالا پکا مسلمان بنتا ہے۔ یہودیوں کی طرح پیسہ دانت سے پکڑتا ہے۔کہتا ہے بلیچنگ پاؤڈر پہلے کی طرح سستا نہیں رہا،تو کیا انسان کی زندگی سستی ہوگئی ہے؟

اسے یاد آیا کہ اکثر و بیشتر وہ خود اپنے پیسے سے بلیچنگ پاؤڈر خرید لاتا اور اسے پانی میں گھول دیتا تھا۔لیکن ٹنکی کی صفائی کے بغیر پاؤڈر بھی کتنا کام کرتا؟ کچی عمر کی آنتیں تو بہت جلد انفکشن قبول کر لیتی ہیں۔ بیچارا معصوم بچہ......

پراسرار گھوڑے کی ٹاپ نزدیک آتی جارہی تھی۔ ملگجی فضا پر کچھ اور ہیبتنا کی طاری ہوگئی تھی۔سرپٹ گھوڑے کی ٹاپ بم کے دھماکوں کی طرح خوف ناک سنّاٹے کے پرخچے اڑا رہی تھی۔ لیکن سنّاٹے کی جگہ وہ بھیانک آواز......

اونچائی چڑھ کر اب سڑک ڈھلان کو گلے لگانے والی تھی۔ وہ دوبارہ رکشے پر سوار ہوگیا۔اب رکشے والے کا کام آسان تھا۔اس نے رکشے میں بیٹھے بیٹھے اپنے سانس درست کی۔ رکشے کو دھکا دیتے ہوئے اسے لگا تھا کہ بھری پری دنیا میں وہ تنہا تھا۔سڑک پر چلنے والی سواریوں میں کوئی اس کا غمخوار نہیں۔ ہر انسان اپنی اپنی دھن میں لگا ہوا دوسروں کو ڈھکیلتا گراتا کچلتا ہوا آگے بڑھ رہا تھا۔اسے شکیب جلالی کا شعر یاد آیا ؎

جہاں تلک بھی یہ صحرا دکھائی دیتا ہے   میری طرح سے اکیلا دکھائی دیتا ہے

''بھائی صاحب! بھائی صاحب!'' کوئی پیچھے سے آواز دے رہا تھا۔اس نے رکشے میں بیٹھے بیٹھے پیچھے مڑ کر دیکھا۔

وہی ہمدرد جس نے رقم دینے کی پیشکش کی تھی،سائیکل پر سوار ہانپتا کانپتا چلا آرہا تھا۔تیزی سے پیڈل مارتے ہوئے اُس نے اپنی سائیکل رکشے کے برابر کی۔

''بھائی صاحب برا مت مانئے گا۔ میں چاہتا ہوں کہ بھگوان آپ کے بچے کو سلامت رکھے۔ دیکھئے میری نستھا کو غلط مت سمجھئے۔ میں جانتا ہوں آپ کو میری مدد کی ضرورت ہے۔''

''بہت بہت شکریہ بھائی صاحب۔''

ناگاہ اسے سرپٹ گھوڑے کا خیال آیا۔اس نے خوف زدہ نگاہوں سے پیچھے کی طرف دیکھا۔ گھوڑا موجود نہ تھا۔تو کیا......؟

پھر اسے خیال آیا کہ اس نے شکریے کا لفظ استعمال کر کے غلطی کی تھی۔ حالات ابھی تک بالکل نارمل نہیں ہوئے تھے،لیکن انسانیت ابھی زندہ تھی۔ ورنہ کیا ضرورت تھی کہ یہ آدمی اس کی امداد کے لیے اتنی

مصیبت کی راہ اختیار کرتا؟ ایسا تو نہیں کہ وہ ہمیں ہندو سمجھتا ہے؟ پھر اس نے سوچا کہ اصلیت ظاہر ہو جائے تو کیا ہوگا۔ یوں بھی اسے اپنے بچّے کے بچنے کی امید اب کم نظر آ رہی تھی۔ مرنا مقدر ٹھہرا تو ہر حال میں مریں گے۔ اس نے کنکھیوں سے بائیں جانب دیکھتے ہوئے کہا:

''جناب آپ خواہ مخواہ زحمت کر رہے ہیں۔ جو ہوگا وہ ہم بھگتنے کے لیے تیار ہیں۔''

''آپ بطور قرض ہی سہی، میری مدد قبول کیجئے۔ میں سمجھوں گا میں نے اپنا فرض......''

محسن کی آنکھیں چشمے کی طرح بہہ نکلیں۔ رکشہ اور سائیکل دونوں ڈھلان سے گذر رہے تھے۔ اس پر رقت کی جو کیفیت طاری تھی، وہ عجیب سماں پیدا کر رہی تھی۔ اسے لگا کہ تیزی سے چلتی ہوئی سائیکل پر اس بے سدھ کیفیت میں اس سے چوک نہ ہو جائے اور وہ کھڈ میں...... رکشے پر بیٹھے بیٹھے سائیکل کی سیٹ کے پچھلے حصے کو اپنی گرفت میں لے کر بے قابو ہوتی ہوئی سائیکل کو متوازن کرنے کے لیے اسے خاصی محنت کرنی پڑ رہی تھی۔ محسن کے ادھیڑ عمر ہاتھ پیڈل پر کانپ رہے تھے سوگوار چہرہ ایسا جیسے ساری دنیا کا غم اس کے چہرے پر سمٹ آیا ہو۔ آنے جانے والے محوِ حیرت تھے۔ ایک عورت کی گود میں منھ ڈھانپ کر لیٹا ہوا بچّہ ......ایک شخص دوسرے کو بچانے کی کوشش میں اور زندگی......

اچانک سرپٹ گھوڑوں کی ٹاپ پھر سنائی دی...ٹاپ قریب آ رہی تھی۔ اس نے دیکھا کہ وہ، اس کی بیوی اور بچہ گھوڑوں کی ٹاپ کے نیچے روندے جا رہے ہیں، زدوکوب کیے جا رہے ہیں۔ ان کے کپڑے تار تار ہو گئے۔ جسم کی ہڈیاں ٹوٹ گئیں۔ سرپٹ گھوڑوں کا قافلہ رکنے کا نام ہی نہیں لے رہا۔ ایک، دو، تین......سینکڑوں، ہزاروں...... انگنت......ٹڈی دل کی طرح چھاتے جا رہے تھے۔ چاروں طرف ......اچانک اس نے ایک چیخ ماری......اس کی بیوی......ادھ مری بیوی نہ جانے کیا سمجھ کر سینہ کوبی کرنے لگی۔

''یا خدا! ہم بے کس نامرادوں کا کیسا امتحان لے رہا ہے؟ ہم ابتلائے روزگار کے مارے......''

پھوٹ پھوٹ کر روتے روتے اس پر نیم غشی کی سی کیفیت طاری ہوئی۔ فضا میں دھواں پھیلنے لگا۔ دیکھتے دیکھتے منظر دھند آلودگی کی طرف مائل ہو گیا۔ دبیز تاریکی کے رینگنے کی آہٹ اس سنّاٹے میں صاف سنی جا سکتی تھی۔ غیر مرئی سرپٹ گھوڑے یہاں سے وہاں تک دندناتے پھرتے تھے اور وہ دونوں چپ چاپ اپنے وجود کے غار میں اتر کر نامعلوم سمتوں میں بھٹک رہے تھے۔

ساتواں باب

برابری کا رشتہ

گہما گہمی اور بھیڑ بھاڑ والے شہر میں اچانک انھوں نے محسوس کیا کہ کچھ گڑبڑ ہے۔ لوگوں کی رفتار

غیر معمولی ہوگئی ہے۔لوگ کہنے اور کچھ چھپانے کے انداز میں مختلف ٹولیوں میں بٹ کر سرگوشیاں کررہے ہیں۔

سورج روبہ زوال تھا۔ تازہ لہو کی مہک، سراسیمگی اور وحشت کا سناٹا اندیشے کو تقویت پہنچا رہے تھے کہ شہر کے کسی علاقے میں کوئی واردات ہوگئی ہے۔

اچانک ہر طرف دور سے سرپٹ گھوڑوں کی ٹاپ سنائی دی جو دھیرے دھیرے قریب آرہی تھی۔

دونوں بہت دیر سے سڑک پر کھڑے ہوئے کسی سواری کے منتظر تھے۔ایک دبلا پتلا......دونوں سڑ پر گزرتی ہوئی مختلف سواریوں کو روکنے کی کوشش کررہے تھے۔دونوں کو دور دراز کے کسی علاقے میں جانا تھا۔

سڑک پر ٹہلتے ہوئے وہ دھیرے دھیرے قریب آرہے تھے۔قریب آکر دور جارہے تھے۔ عجیب پس وپیش میں تھے دونوں۔

......ایک دوسرے سے ربط پیدا کیا جائے یا نہیں......؟ کہیں وہ دوسرے فرقے کا ہوا تو......وہ خواہ مخواہ ایکسپوز تو نہیں ہوجائیں گے......کیا ایک دوسرے کے تعلق سے گومگو کے عالم میں مبتلا رہنا ان کے حق میں مفید ہے؟

دونوں جائے پناہ کی تلاش میں اور اپنی منزلوں تک پہنچنے کی ادھیڑ بن میں ایک دوسرے کی طرف محتاط نگاہوں سے دیکھتے ہوئے اسی طرح کی باتیں سوچ رہے تھے۔

چاروں طرف تناؤ اور خوف کا ماحول چھایا ہوا تھا، لوگ بچتے بچاتے اپنے اپنے محفوظ ٹھکانوں پر پہنچنے کی جلدی میں تھے......جو لوگ محفوظ مقامات پر قلیل تعداد میں تھے سکتے کے عالم میں سہمے ہوئے تھے۔ ان کی سمجھ میں نہیں آرہا تھا کہ کیا کریں......اپنے تحفظ کے لیے کون سی راہ اختیار کریں۔

جو لوگ محفوظ علاقوں تھے، وہ تو ایک تھرل سا محسوس کررہے تھے......اب بموں کے دھماکے سنائی دیں گے......آسمان کی طرف شعلے اٹھیں گے......جھماکے کے ساتھ چاروں طرف روشنی پھیل جائے گی......کیا مزہ آئے گا......

کچھ مقابلے کی تیاری میں تھے...... چھپائے ہوئے ہتھیاروں کو کونوں کھدروں اور تہہ خانوں سے نکال لیا گیا تھا......

متعدد انگلیاں آنے والے خونی لمحوں سے پنجہ آزمائی کے لیے تیار تھیں۔

یہ سب اب روز کا قصہ تھا۔کہیں کوئی نانہجار کوئی شوشہ چھوڑ دیتا۔دیکھتے دیکھتے پوری فضا پر ایک سناٹا چھا جاتا۔بے کار اور خوشحال لوگوں کو کوئی فرق نہ پڑتا تھا، لیکن دھندا والوں کو مصیبتیں اٹھانی پڑتیں۔ان کے دفتر اور روزگار کا معاملہ ہوتا۔خوانچے اور ٹھیلے والے تو روز کنواں کھودتے تھے اور پانی پیتے تھے۔نانہجاروں کی ناعاقبت اندیشی کی وجہ سے اگر کرفیو نافذ ہوجاتا تو ان بے چاروں کو دو وقت کی روٹی کے لالے پڑجاتے۔

سواریاں رُکے بغیر تیزی سے گزرتی جارہی تھیں۔شائیں شائیں آگے بڑھتی جارہی تھیں۔سب کے سب جیسے بے حد عجلت میں تھے۔اپنے اپنے گھروں یا کم از کم محفوظ علاقوں کی سرحدوں میں پہنچ جانا چاہتے تھے۔

سورج غروب ہونے والا تھا۔

ہلکے ہلکے جاڑے کے آغاز کے ساتھ ہی دن چھوٹے ہونے شروع ہو جاتے ہیں......جلد دوپہر ہو جاتی ہے......شتاب شام ہو جاتی ہے......اندھیرا پھیل جاتا ہے......دیر تک رات رہتی ہے......جاڑا لمبی راتوں اور چھوٹے دنوں کے لیےلوک کتھاوں کی طرح شہرت رکھتا ہے۔

دُبلے آدمی نے غور کیا کہ اس کے علاوہ وہی ایک آدمی......موٹا آدمی سڑک پر موجود تھا جو اس سے تھوڑا فاصلے پر کھڑا تھا۔

اسے ڈر لگا......کہیں یہی آدمی اس پر حملہ آور ہو جائے تو......؟

اس نے اندازہ لگانا چاہا کہ مقابلہ ہونے کی صورت میں وہ اس پر قابو پا سکے گا یا نہیں......اپنے قد و قامت کے چلتے اپنی شکست تسلیم کرتے ہوئے اس نے اس آدمی سے اپنا فاصلہ بڑھا دیا۔دور سے کن انکھیوں سے اس گٹھیلے جسم کے تنومند انسان کو لگاتار دیکھتا رہا۔

اس تندرست آدمی سے محتاط رہنا ضروری ہے......اس نے سوچا۔

اسے بے حد افسوس ہوا کہ آج اس کی جیب میں وہ کی رنگ بھی نہیں تھی،جس میں پھل کاٹنے والا ایک ننھا سا چاقو ہوتا تھا۔اس کے حملہ آور ہونے کی صورت میں کچھ تو اپنا بچاو کر سکتا تھا۔لیکن وہ تو نہتا تھا۔اس تنومند آدمی کی جیب میں نہ جانے کون سا ہتھیار ہوگا۔نہ بھی ہوا تو کیا اس کا مضبوط جسم ہی اسے زیر کرنے کے لیے کافی نہیں ہے۔

اس نے غور کیا کہ تنومند آدمی مستقل اپنا ہاتھ جیب میں ڈالے ہوئے تھا۔

اسے یقین ہو گیا کہ ضرور اس کے پاس کوئی نہ کوئی مہلک ہتھیار تھا اور کسی لمحے یہ بھید کھل جانے پر کہ وہ اس کے فرقے کا بندہ نہیں ہے،اس پر حملہ آور ہو جائے گا۔

لیکن یہ اندازہ لگانا آسان نہیں تھا کہ آخر وہ کس فرقے کا بندہ تھا۔وہ بھی اسی کی طرح پینٹ شرٹ میں تھا۔اس نے بھی انگریزی کٹ کے بنا رکھے تھے......نہ ڈاڑھی اور نہ ٹکّی......

تھوڑی دیر کے لیے اسے بڑی راحت اور سکون کا احساس ہوا......ہم کم از کم اتنے مہذب تو ہو گئے ہیں کہ دیکھنے میں کسی مخصوص فرقے کے اسیر نظر نہیں آتے......اس نے سوچا،مہذب ہونے کا عمل جاری رہا تو ایک دن عمل جاری رہا تو تو ایک دن ہم اندر اور باہر تمام طرف سے......

تخیل کے پرندے نے آسمان کی کی گہرائیوں میں اڑان بھرنا شروع کیا۔

نگاہوں کے سامنے تارکول کی سڑک سبزہ زاروں میں تبدیل ہوگئی...... ہرنوں اور خرگوشوں نے قلانچیں بھرنا شروع کر دیا...... چاروں طرف سبک روہواؤں کے نازک لمس نے اس کے تن بدن میں ایک تازگی بھردی...... ہری بھری مخملی گھاس پر لیٹے ہوئے اس نے خود کو نیلگوں آسمان میں تحلیل ہونے کی لذت اور سرشاری سے ہم کنار ہوتے دیکھا......

''آپ لوگ سڑک پر کیا کرتے ہیں......اپنے اپنے گھروں کو جایئے......!''

''ہم لوگ سواری کے انتظار میں ہیں۔''

پولس کے آدمیوں نے غالبًا ان کے حلئے اور چہرے کے تاثرات سے اندازہ کرلیا تھا کہ وہ شر پسند اور غنڈہ عناصر نہیں ہیں۔ مطمئن ہو کر انھیں فوراً اپنے گھروں کو روانہ ہونے کی ہدایت کر کے جیپ میں بیٹھ گئے۔ پولس کی مداخلت اور غیر متوقع استفسار نے ان دونوں کے درمیان کے فاصلے کو تھوڑا کم کر دیا تھا۔ حالانکہ ایک دوسرے کے لئے شک وشبہ اور بے یقینی کیفیت ابھی بھی کم وبیش دونوں کی آنکھوں سے عیاں ہو رہی تھی۔ نہ چاہتے ہوئے بھی رسمی سا جملہ دونوں کے منہ سے ادا ہوا۔

''آپ کو کہاں جانا؟''

دبلے آدمی کے ذہن میں یہ بات اچانک آئی کہ شاید اس سوال سے تنومند آدمی کی شناخت اجاگر ہو جائے۔ لیکن سوال سے اس حقیقت کا پتا لگانا آسان نہ تھا۔ چلتے پھرتے ہندوستانی الفاظ تھے جن پر کسی زبان اور مذہب کی سکّہ بند مہر نہیں تھی۔ دونوں نے جواب دیا، اس سے بھی کوئی اندازہ نہیں ملتا تھا۔ دونوں نے جو نام لیے وہ دونوں ہی ملی جلی آبادیوں والے علاقے تھے۔ جواب دینے کے بعد دونوں پھر اپنے آپ میں گم ہو گئے۔ جیسے اس طویل شاہراہ پر وہ تنہا ہوں۔

دُبلے پتلے آدمی کے چہرے اور آنکھوں سے صاف جھلک رہا تھا کہ وہ دوسرے آدمی سے بے حد ڈرا ہوا ہے۔

اس پر ایک عجیب غیر معمولی خوف مسلط تھا...... ہر آن شدّت سے وہ خطرہ محسوس کر رہا تھا...... یقیناً وہ دوسرے فرقے کا ہے......اور اس فرقے کا راز عیاں ہوتے ہی ظالم بن کر اس پر ٹوٹ پڑے گا...... کہ حالیہ واقعات وقرائن اسی شک کی توثیق کرتے تھے۔

سڑک کی دونوں جانب کے کئی مکانوں کی بالکنی، چھت اور کھڑکیوں پر کئی ساری آنکھیں اور کئی سارے کان ان دونوں پر ٹکے ہوئے تھے۔ اگر کسی چھت، کسی بالکنی، کسی کھڑکی سے گولی چل جائے تو...... ٹھنڈک کے باجود اس کے بدن میں حرارت کی ایک لہر دوڑ گئی۔ کاٹو تو لہو نہیں۔ پیشانی پر خوف کے مارے

پسینے کی بوندیں جھلملانے لگیں۔

اس نے اندھیرے کا فائدہ اٹھاتے ہوئے ایک ذرا دور جا کر احتیاط کے طور پر سڑک کے کنارے سے ٹوٹی ہوئی اینٹ کا ایک بڑا سا ٹکڑا اٹھا کر اپنی پاکٹ میں رکھ لیا۔ اس بات کا اس نے خاص خیال رکھا کہ دوسرے موجود کو اس کی حرکت کا پتہ نہ چلے۔ جیب میں ہاتھ ڈالے ہوئے مضبوطی سے اپنی ہتھیلیوں کی گرفت اس نے اینٹ کے ٹکڑے پر بنائے رکھی۔

اس کے چہرے سے اب کچھ اطمینان اور بشارت کی لکیریں عیاں ہو رہی تھیں۔ اتنا بھرا سے سہارا مل گیا تھا کہ وہ تنومند آدمی کے حملے کا مقابلہ کیے بغیر جاں بحق نہ ہوگا۔

اینٹ کے ہتھیار سے مقابلہ کرتے ہوئے شہادت کا درجہ حاصل کرے گا......

بغیر جدوجہد اور مسابقت کی موت کو وہ حرام سمجھتا تھا......لڑتے ہوئے مرے گا تو یہ ملال تو نہ ہوگا کہ اس نے مقابلے سے گریز کیا......اور کیا پتا ادھواڑ کے ایک وار سے وہ اپنے دشمن کا کام......غازی کا......

دراصل بچپن میں اس کے باپ نے سناٹی سڑک پر اسکول جاتے ہوئے اگر کتے پیچھا کریں تو ان سے بچنے کی یہ ترکیب بتائی تھی......کسی بھی حالت میں کتوں کو دیکھ کر دوڑنا نہیں ہے ورنہ وہ پیروں میں اپنے دانت گڑا دیں گے۔

دھیرے دھیرے آگے بڑھتے ہوئے سڑک پر کسی بڑے ڈھیلے یا اینٹ کے ٹکڑوں کی تلاش کرنی ہے۔ ڈھیلے کے قریب پہنچتے ہی اسے ہاتھ میں اٹھا لینا ہے اور تب کتوں کی طرف ہاتھ اٹھاتے ہوئے صرف یہ ظاہر کرنا ہے کہ اگر اس نے حملہ کرنے کی حماقت کی تو وہ اسے چھوڑے گا نہیں، اینٹ کے ٹکڑے یا پتھر سے وہ اس کا سر پھوڑ دے گا......اس کا ڈٹ کر مقابلہ کرے گا۔ کتوں کے ٹلنے سے پہلے بھولے سے بھی اس ہتھیار سے کنارہ کشی خودکشی کے مترادف ہے......

اس نکتے پر باپ کا خاص زور تھا۔ نعمت غیر مترقبہ کی طرح ایک خالی ٹمپو ان کے پاس رکا۔ دونوں تیزی سے لپکے۔ ٹمپو میں بیٹھنے کے بعد بھی دبلا آدمی تنومند سے ڈر رہا تھا۔ راستے میں کئی طرح آبادیاں ملتی ہیں پتا نہیں کب اس ہمسفر کی نیت خراب ہو جائے......کب اس کے ارادے اس کے خلاف ہو جائیں اور خطرناک صورت اختیار کر لیں۔

اس نے سوچا کہ ہمسفر کی شناخت کا اندازہ ضروری ہے......اسی حساب سے آگے کی کارروائی طے کرے......اگر مخالف فرقے کا ہو تو ٹمپو روک کر اتر جائے......زندگی میں احتیاط ضروری ہے......لیکن جب پوری زندگی ہی قدم قدم پر خطروں میں گھری ہو تو......

ہر آن یہ ڈر ہو کہ کب کون......

بے یقینی اور تذبذب......

سب کچھ داؤں پر......

اس نے ڈرتے ڈرتے لیکن بظاہر بے خوفی کا اندازہ دکھاتے ہوئے پُر تکلف لہجے میں اپنے ہمسفر سے پوچھا۔

''یور گڈ نیم پلیز......''

''منّا!''

یہ وار بھی خالی گیا۔ اس نے سوچا منّا نام تو کسی کا بھی ہوسکتا ہے۔ تلفظ اور الفاظ تو پڑھے لکھے لوگوں کے درمیان ایسے کامن ہوگئے ہیں کہ اس سے کسی کی جڑوں کا کوئی اندازہ نہیں ملتا۔

دراصل پڑھائی لکھائی اور تہذیب وتمدن کہتے ہی اس کو ہیں کہ انسان اپنی حد بندیوں سے بالاتر ہوجائے......

ان خصوصیتوں کو حاصل کرلے جو اسے اوصاف عالیہ سے متصف کردیں......

فرقوں کے غول سے نکال کر......

دوسرا آدمی نام بتا کر اپنے خیالوں میں گم ہوگیا۔

پہلے کو اس بات کی فکر لاحق تھی کہ جواباً وہ بھی اس سے نام دریافت کرے گا......

وہ کیا نام بتائے گا یہ اس کی سمجھ میں نہ آرہا تھا کہ مبادا اس کی شناخت اجاگر ہوجائے......

راجہ......آزاد......کئی نام اس کے ذہن میں جلدی جلدی آرہے تھے......اس طرح کے ناموں سے وہ اپنی مذہبی پہچان پر پردہ ڈال سکے گا......

لیکن دوسرے نے اس کا نام پوچھنے کی روایت نہیں اپنائی۔ اسے یک گونہ راحت کا احساس ہوا۔

عجیب آدمی تھا وہ......

شک وشبہ۔ تذبذب، خوف وہراس کے اس ماحول میں بھی اب وہ قدرے مطمئن دکھائی دے رہا تھا۔ اسے اس بات کی فکر لاحق نہیں تھی کہ اس کے بغل میں بیٹھے ہوئے آدمی کی کیا پہچان ہے۔ کس مذہب، کس فرقے اور ذات سے تعلق رکھتا ہے۔ وہ تو بڑی بے فکری سے سگریٹ پینے میں مصروف تھا۔ لیکن اس کا دوسرا ہاتھ مستقل پاکٹ میں تھا۔ ٹمپو کے ہچکولے کھانے پر یا ٹریفک کی وجہ سے اس کے دھیمے ہونے پر چوکنا ہوکر چاروں طرف دیکھنے لگتا تھا۔ اور پھر مطمئن ہوکر سگریٹ کے گہرے کش لینے لگتا۔

پہلا دزدیدہ نظروں سے دوسرے کی جانب دیکھتا رہا......سب سے بڑا خطرہ اسے اپنے ہمسفر کی پُراسرار بے التفاتی اور لاپروائی کے برتاؤ سے محسوس ہورہا تھا......

سب اس کی مکّاری ہے......

موقع ملے گا اور......

وہ ذرا سی بھی غفلت کرے گا اور اس کا چاقو اس کے جگر کے پار ہو جائے گا۔

اس نے گہری سانس لیتے ہوئے خود کو مسلسل چاق و چوبند رکھنے کی کوشش کی۔

ناگاہ اس نے سوچا۔

پتا نہیں یہ ٹمپو والا کس فرقے سے تعلق رکھتا تھا جو سواریوں کی شناخت سے بے پروا اپنی منزل کی جانب اڑا جا رہا تھا۔ اس کے فرقے سے یا اس کے ہمسفر کے فرقے سے......

ان دو مسافروں کو دیکھ کر ایک لحظہ کے لیے وہ ٹھٹکا تھا۔ ان کے ہاتھوں کے اشارے پر تھوڑی دیر کے لیے وہ سوچ میں پڑ گیا تھا...... ٹمپو روکے یا نہ روکے......

کشیدگی اور تناؤ بھرے حالات سے متاثر ہو کر ٹمپو والا گھر پہنچنے کی جلدی میں تھا۔ مزید پھیرے لگا کر کمائی کرنے کا خیال ترک کر چکا تھا...... زندہ رہا تو بہت کمائی ہو جائے گی...

ایک پل کے لیے اس نے سوچا تھا کہ ان دو مسافروں کے اشاروں کو نظر انداز کر کے تیز رفتاری کے ساتھ گرد اڑاتا ہوا آگے بڑھ جائے......

ایسے ایسے موقعوں پر کبھی کبھی سواریاں بہت زحمت بن جاتی تھیں...... کیا پتا دونوں شر پسند عناصر ہوں اور ان کے پیٹ ملے ہوئے ہوں...... الگ الگ ہونے کا دکھاوا کرتے ہوں۔ ٹمپو رکتے ہی دونوں ایک ساتھ اس پر حملہ آور ہو جائیں......

لیکن نہ معلوم کس انسانی جذبے کے تحت خطرے کے خیال کو جھٹکتے ہوئے اس نے ٹمپو روک دیا تھا۔

شاید دونوں سچ مچ مصیبت کے مارے ہوں...... پناہ گاہ کی تلاش میں ہوں...... مدد کے مستحق......

اس نے سوچا کہ اسے ٹمپو والے سے سبق لینا چاہئے جو سواری کی شناخت کیے بغیر اپنے سفر پر بے محابا گامزن تھا۔ اس کی سیاسی بیداری اور سیکولر شعور کے مقابلے میں اس اناڑی ٹمپو والے کی بے فکری کا اندازہ زیادہ قابل قدر اور دانشورانہ تھا۔

اسے شرمساری ہوئی۔ لگا کہ خواہ مخواہ وہ اندیشے میں مبتلا تھا۔ ہمسفر سے خوف کھانے کے بجائے اس سے رفاقت کی تقویت حاصل کرنے کی ضرورت تھی۔

رات ہو چکی تھی۔ سنّاٹی سڑک پر الکٹرک پولس کی اسٹریٹ لائٹ عجیب طلسماتی ملگجی روشنی بکھیر رہی تھی۔ سڑک کی دونوں جانب گھنی آبادی والے محلّوں میں خوفناک خاموشی چھائی ہوئی تھی۔ تنہا اس ٹمپو کی تیز آواز ایسی لگ

رہی تھی جیسے کوئی بلڈوزر ملبوں کو روندتا ہوا، آبادی کو تہس نہس کرتا ہوا آگے بڑھ رہا ہو۔ کہیں کہیں گلی اور چوراہوں پر سر گوشیوں میں مصروف لوگوں کی بھیڑ دکھائی دے جاتی تھی جو تیز رفتار ٹمپو میں فوراً نظروں سے اوجھل ہو جاتی۔

سڑک کی دونوں جانب کی آبادیوں سے وہ دونوں واقف تھے۔

آبادیوں کی مناسبت سے ان کے چہروں پر الگ الگ رنگ آرہے تھے اور جا رہے تھے۔

کسی علاقے میں دبلا پتلا پُرسکون نظر آتا تو تندرس وتوانا آدمی چوکنا ہو جاتا۔ کہیں تندرست آدمی مطمئن ہوتا تو دبلے آدمی کے چہرے کی بے بسی دیکھنے کے قابل ہوتی۔ محلّوں کی آبادی کے خدوخال کے حساب سے ان کے چہروں کی رنگت میں تبدیلی ہو رہی تھی۔

تندرست آدمی نے سگریٹ کا پیکٹ اس کی طرف بڑھایا۔

''سگریٹ پلیز......!''

''نو......تھینک یو......!''

اس نے جان بوجھ کر سگریٹ قبول کرنے سے گریز کیا......کیا پتہ اس میں اس میں نشہ آور چیز ملی ہو جو اس کو ٹھکانے لگانے کے لیے چارے کے طور پر......اس نے طے کر لیا، کسی بھی قیمت پر سگریٹ نہیں پینا ہے۔

تندرست آدمی نے اس کے انکار پر کسی تاثر یا ردعمل کا اظہار نہیں کیا۔ اپنے خیالوں میں گم ہو گیا۔ جانے اس کا ذہن کہاں بھٹک رہا تھا۔

سرپٹ گھوڑوں کی ٹاپ کی آواز نزدیک آتی جا رہی تھی۔

آخر وہی ہوا جس کا ڈر تھا۔ نیم تاریکی میں اگلے موڑ پر ہتھیاروں سے لیس کچھ سائے دکھائی دے رہے تھے۔ جان بوجھ کر الکٹرک پول کی مرکری توڑ دی گئی تھی۔

''پوری تیزی سے آگے بڑھتے جاؤ''

دونوں نے ایک ساتھ ڈرائیور سے کہا۔

ڈرائیور بھی لاٹھی ڈنڈوں اور دیگر ہتھیاروں سے لیس سایوں کو دیکھ چکا تھا۔ اس نے ٹمپو کی رفتار بے تحاشا بڑھا دی۔

تبھی ایک آواز آئی اور لڑھکتا ہوا ایک پیپا سڑک کے بیچوں بیچ آکر یوں ہلنے لگا جیسے کسی پہاڑ کے نیچے دب کر پس جانے کے خوف سے پناہ مانگ رہا ہو۔

ٹمپو ڈرائیور نے کمال ہوشیاری سے اگر بریک نہ لیا ہوتا تو سب کے سب حادثے سے دوچار ہو جاتے۔

کئی چہرے آگے آئے اور چاروں طرف سے انہوں نے ٹمپو کو گھیر لیا۔ غالباً تندرست آدمی کی

شناخت سے ان میں سے کئی لوگ واقف تھے۔ دبلے آدمی کی طرف وہ لپکے۔

''تم اپنا نام بتاؤ؟''

''راجہ!''

''پورا نام......؟''

تندرست ہم سفر نے فوراً اپنے ہونے کا احساس کرایا۔

''نام کیا پوچھنا ہے...... یہ میرا بھائی ہے......!''

''جھوٹ...... پینٹ اتارو......!''

کسی کینہ پرور اور شر پسند نے زمین پر اپنی لاٹھی پٹکتے ہوئے کہا۔

ان میں سے کئی ہنسنے لگے۔ کئی واقعی پینٹ کھول کر دُبلے آدمی کی بے حرمتی کرنے کے لئے آگے بڑھے۔

اسی وقت اس تندرست آدمی نے بل کھاتے ہوئے زوردار آواز میں چیخ لگائی۔

''خبردار...... میری لاش سے گزر کر ہی یہ کام کر سکتے ہو۔''

وہ اچھل کر کھڑا ہو چکا تھا اور پوزیشن لیتے ہوئے ریوالور نکال چکا تھا۔ سب کے سب بھاگ کھڑے ہوئے۔

وہ ریوالور کی نلی اس وقت تک مشتعل ہجوم کی طرف کیے رہا جب تک وہ آنکھوں سے اوجھل نہ ہو گئے۔

اس نے ہنستے ہوئے پیپے کو کنارے کیا۔

ٹمپو کے اسٹارٹ ہونے اور کچھ آگے بڑھ جانے کے باوجود دبلا آدمی زندگی سے ناامید اب تک سکتے کے عالم میں تھا۔

جو کچھ گزر چکا تھا اس پر اسے یقین نہیں آ رہا تھا۔

دہشت اور وہم وگمان کی عجیب کیفیت تھی جس نے اس کے سارے سوچ کو مفلوج کر دیا تھا۔

تندرست آدمی کے ذریعے ٹھوکا دینے پر وہ چونکا اور اسے احساس ہوا کہ فی الحال وہ خطرے سے باہر ہے۔

کچھ لمحوں تک وہ اس کا منھ تکتا رہا...... خالی خالی سا۔

دفعتاً اسے اپنے پنجے میں دبے ہوئے اینٹ کے ٹکڑے کا خیال آیا۔

دو مناظر روشنی کے جھماکے کی طرح نگاہوں میں کوند گئے۔

پہلے کی آمنے سامنے کی لڑائی میں قاسم چچا تلوار کے دستے پر لگاتار مضبوطی سے ہاتھ جمائے کچھ

اس شجاعت سے لڑتے کہ دشمن کے پاؤں اکھڑ جاتے...... لوٹ کر آتے تو تلوار کے دستے جنگ کرتے کرتے ہتھیلی اور انگلیوں میں اس طرح گتھ جاتے کہ اسے الگ کرنا مشکل ہو جاتا...... داہنے ہاتھ کی انگلیاں ہفتوں اپنا کام ٹھیک سے انجام دینے کے لائق نہ بن پاتیں۔

نوجوانی کی بلند چوٹی کی طرف بڑھتا ہوا اس کا بیٹا اپنے ساتھیوں سے کوئز کے طور پر آر ڈی ایکس کا فل فارم دریافت کرتا رہتا۔

اس کے پنجے میں اینٹ کا ٹکڑا مستقل دبا ہوا تھا...... کسی مرے ہوئے چوہے کی طرح...... اور اس کی انگلیاں بے حس و حرکت ہو گئی تھیں۔

بے اختیار اسے اپنی حالت زار پر ہنسی آ گئی۔

''بھائی صاحب! آپ رو کیوں رہے ہیں؟''

ہم سفر کے سوال پر وہ گڑبڑا گیا...... سچ مچ وہ ہنس رہا تھا یا رو رہا تھا۔

وہ آبدیدہ ہو گیا۔ جذبات سے بے قابو ہو کر اس نے ہم سفر کا ہاتھ چوما۔

اس کی آنکھوں سے زار و قطار خوشی کے آنسو رواں تھے۔ اسے یہ مقولہ یاد آیا۔

دوست آں باشد کہ گیرد دست دوست در پریشاں حالی و در ماندگی۔

رندھی ہوئی آواز میں آدمی گویا ہوا۔

''آپ کا بہت بہت شکریہ جناب...... میں یہ احسان عمر بھر نہیں بھول سکتا...... آپ نے میری جان بچا کر میرے بڑے بھائی ہونے کا ثبوت دیا ہے.....!''

''نہیں.....''

تنومند ہم سفر نے زور دے کر کہا۔

''میں نے صرف بھائی ہونے کا فرض ادا کیا ہے۔''

اس نے ریوالور جیب میں رکھا اور سگریٹ کا پیکٹ اس کی طرف پیار سے بڑھاتے ہوئے بولا۔

''اب تو پئیں گے سگریٹ آپ.؟''

نیم تاریکی میں اس کی مسکراتی ہوئی آنکھیں اپنائیت اور دوست داری کی لازوال چمک سے منوّر تھیں۔

اس نے سگریٹ کے پیکٹ کی طرف ہاتھ بڑھا دیا۔

پھر اس نے سوال کیا۔

وہسکی بھی ہے؟

دوسرا مسکرایا۔ اور پھر قہقہہ لگانے لگا۔

خوب...... بہت خوب......

اچانک سرپٹ گھوڑوں کی پُراسرار آواز پہلے دور سے اور پھر نزدیک سے آتی ہوئی سنائی دی۔

عالمِ دہشت میں جلتی ہوسگریٹ اس کی انگلیوں سے گرگئی۔

ٹمپو میں دونوں نے مل کر جلتی ہوئی سگریٹ کو تلاش کیا۔

پراسرار ٹاپوں کی آوازیں ان کا محاصرہ کررہی تھیں۔

آٹھواں باب

عبدالمنان سے آخری ملاقات

عبدالمنان سے وہ میری آخری ملاقات تھی۔

اس کے بعد اسے دیکھنے کے لیے آنکھیں ترس گئیں۔

جب بھی دفتر کے کیمپس میں داخل ہوتے ہوئے آدم قد چہار دیواری پر نظر پڑتی تو نگاہوں میں عبدالمنان روشنی کے جھماکے کی طرح نمودار ہوتا۔

اس کا دُبلا پتلا جسم۔ دھونکنی کی طرح پھولتا پچکتا سینہ تیزی سے ہلتے ہوئے ہاتھ...... ہاتھوں کی جنبش میں عجیب سی بے چینی اور اضطراب...... جیسے زیادہ تیز ہوئے تو ساری دنیا کو الٹ کر رکھ دیں گے۔ آس پاس کے دفاتر کے ملازمین کی بھیڑ اس کے گرد جمع رہتی۔

''یہ دنیا ان پیٹ بھروں نے جہنّم بنادی ہے...... اور ہمیں اگلی دنیا میں جنّت کے بہلاوے دیے جاتے ہیں...... مجھے کوئی بتائے کہ اس نرک میں جیتے جی موت جھیلنے کے بعد سورگ کے لائق کوئی رہ پائے گا ......اٹھو... آنکھیں کھولو...... ایک زبردست چھلانگ لگاؤ اور پیٹ بھروں کی چھاتیوں کو......''

اس کی تقریر کے اس طرح جذباتی اور گرما گرم حصے لوگوں کے خون کی حرارت میں اضافہ کردیتے۔ تالیوں کی گڑگڑاہٹ سے آس پاس کی عمارتیں کانپنے لگتیں۔

ان دنوں عبدالمنان بے حد پریشان تھا۔ نئی نئی ملازمت تھی۔ عرصۂ دراز تک بے روزگاری جھیلنے والے عبدالمنان کی آنکھوں میں چھوٹے بڑے کئی سپنے چھپے تھے۔ مگر اس کا سب سے بڑا خواب دنیا کو بدلنے کا تھا۔ سوویت یونین کے انہدام نے اس کے ارادوں کو متزلزل نہیں کیا تھا کیوں کہ وہ بہت دنوں سے اسے غلط راستے پر مڑ جانے والا گمراہ ہراول دستہ سمجھتا تھا۔ سویت روس کی جکڑ بندی کی اصلاح دو اچھی چیزوں سے شروع ہوئی تھی۔ گلاسنوست اور پیروسترائیکا...... لیکن ان دونوں کو وہاں کے حکمرانوں نے غلط سمتوں

میں موڑ کر اس ملک اور کمیونزم کے شیرازوں کو بکھیر کر امریکی سرمایہ داری کے خواب کو شرمندۂ تعبیر کر دیا۔

''عبدالمنان آپ دفتر بہت دیر سے آتے ہیں؟''

افسر اسے خشمگیں نگاہوں سے گھورتے ہوئے کہتا۔

''جناب بہت پریشانیوں میں مبتلا رہتا ہوں......میری جگہ کوئی دوسرا ہوتو جینا بھلا جائے......''

افسر آگے کچھ بولنے کی ضرورت نہ سمجھتا۔

نیچے چائے کے ڈھابے پر وہ بتاتا کہ اس کی پریشانیوں میں نت نئے اضافے ہوتے جا رہے ہیں۔ بھائی کی پڑھائی۔ ماں کی لاعلاج بیماری۔ بہن کی شادی۔ بچوں کے کھلونوں کی فرمائشیں......اور......اب اسے کچھ بھی اچھا نہیں لگتا تھا۔ اپنے اور گھر والوں کے لیے اس نے کیا کیا......ان کے لیے بھی تو اس کے کچھ فرائض ہیں......مزے لے لے کر چائے کی چسکیاں لینے والا اور بات بات پر قہقہے لگانے والا بندہ ہاتھوں میں چائے لیے ہوئے بس سوچتا ہی رہ جاتا۔ خالی خالی نگاہوں سے اونچی بلڈنگوں اور آسمان کی طرف گھورتا ہوا۔

''کیا ڈھونڈتے ہو عبدالمنان......کس کی تلاش میں ہو......؟''

کوئی اسے دور سے آواز دیتا ہوا سوال کرتا۔

اس کے قلب میں کوئی عمارت ڈھتی رہتی۔

''بیٹے......اس بار تمہارے لیے بیٹری سے چلنے والی گاڑی ضرور لاؤں گا......اور ہاں بیٹی......تمہاری وہ ہنسنے اور رونے والی گڑیا بھی......

''اماں......تمہاری دوائیں...... بھائی تمہاری کتابیں......رجنی پام دت کی انڈیا ٹوڈے کا نیا اور مہنگا ایڈیشن بھی......''

رجنی پام دت نے تو ہندوستان کے ہندوؤں کی پول کھول کر رکھ دی ہی کہ یہ لوگ ہندوستان کے اصلی باشندے نہیں ہیں۔ اس نے تاریخی شواہد دے کر ثابت کیا ہے کہ جو آریائی یہاں باہر کے ممالک سے آئے وہی یہاں کے اصلی مقامی باشندوں کول، بھیل اور دیگر جنگلی جاتیوں کو جنگلوں اور جنوبی ہندوستان میں کھدیڑ کر یہاں کے مالک بن بیٹھے......اسی لیے رجنی پام دت نے کہا تھا کہ اگر مسلمان باہری ہیں تو ان سے زیادہ ہندوستان کے ہندو باہری ہیں۔ اگر یہ ملک ہندوستان یہاں کے اصلی باشندو کے حوالے کرنا ہے تو مسلمانوں کے ساتھ ساتھ ہندوؤں کو بھی ہندوستان سے ہجرت اختیار کرنی ہوگی۔

اسے جھنجھوڑنا پڑتا۔

''یار یہ بستر نہیں جو آرام سے لیٹ کر خواب دیکھ رہے ہو......یہ چائے کا ڈھابا ہے......جس جگہ

تم بیٹھے ہو، وہ اینٹوں کے سہارے پر ٹکی بوسیدہ بنچ ہے......سر پر زیادہ بوجھ لیے اس پر بیٹھے رہو گے تو چرمرا کر نیچے آرہے گی......''

''آں......!'' وہ چونکتا۔

''تم نے ٹھیک کہا......لیکن جہاں ہم ہیں اس سے بھی نیچے کیا......!''

چائے ٹھنڈی ہو چکی تھی۔ اس وقت بغل کی گلی سے ایک لاغر سی کتیا اپنے آدھے درجن پلّوں کے ساتھ آتی اور کھانے پینے کی چیزوں کی آس میں ڈھابوں کی طرف دیکھتی ہوئی تھکے تھکے قدموں سے آگے آگے بڑھ جاتی۔ پلّے کوں کوں کرتے ہوئے اس کے پیروں سے لپٹتے رہتے اور کتیا بھونکتی ہوئی اپنے پیروں سے انھیں پرے دھکیلتی رہتی۔

ایک گائے پھولوں کے عرق نکالنے والے خوانچے والے کو غافل دیکھ کر پھلوں پر منہ مارنے کی کوشش کرتی اور دکاندار سے ڈنڈے کھاتی ہوئی آدمیوں سے ٹکراتی ہوئی جان بچا کر بھاگنے کی کوشش کرتی۔ کئی آدمی ٹھوکر کھا کر گرتے اور حواس باختہ ہو کر اٹھتے ہوئے اپنے کپڑے جھاڑنے لگتے۔

''عبدالمنان ذرا الگ چلو......کچھ باتیں کرنی ہیں......!''

میں نے اسے بتایا۔

''گنبدوں کی تاراجی کے دوسرے دن تم نہیں آئے......کچھ لوگ بے حد خوش تھے......جیسے کوئی گڑی ہوئی دولت ہاتھ لگی ہو......بڑا زہر بھرا ہوا ہے......ارے بھائی ہسٹری بتاتی ہے ہم تو یہاں کے اصلی باشندے ہیں......ہم سے غیروں سا سلوک وہ کرتے ہیں جو خود حملہ آور رہے ہیں!''

عبدالمنان نے کہا۔

''چھوڑو ان فالتو باتوں کو......بنیاد پرست ہتھکنڈوں سے میں خوب واقف ہوں......ہم نے بھی تو حکمرانوں کی سائیکی سے نجات حاصل نہیں کی کہ سینکڑوں برسوں تک مسلمانوں نے ہندوستان پر حکومت کی......ہم پر اس بات کا نشہ ہمیشہ سوار رہا......حکمرانی کے نشے سے ہمیں بھی تو نکلنا چاہیے......محکوموں کے درد کو سمجھیں گے تو وقت کی حکمت سمجھ جائیں گے......جانتے ہو اس دن ہزاروں بودھ بھکشوؤں کے دکشا سماروہ میں کیسی کیسی تلخ حقیقتیں سامنے آئیں......یقین جانو سمجھ دار لوگ ابھی بھی اس ملک میں بستے ہیں......مایوس ہونے کی ضرورت نہیں......بودھم شرنم گچھامی......

علاقے علاقے سے اینٹیں جمع ہو رہی تھیں۔ فضا میں پھر سے زہر بھرا جا رہا تھا۔ سڑکوں پر چلنا دشوار ہو گیا تھا۔ کب کہاں کس کی شامت آجائے کہنا مشکل تھا۔

اس نے کہا۔

''بھائی جیسے بھی ہو مجھے اپنے بچے کے لیے بیٹری سے چلنے والی گاڑی بیٹی کے لیے ہنسنے رونے والی گڑیا خریدنی ہے اور بہن کی شادی کے لیے پیسے جٹانے ہیں!''

میں نے عبدالمنان کو مشورہ دیا کہ وہ پی ایف یا تھریفٹ سوسائیٹی سے قرض لے کر اپنے یہ مسائل حل کرلے۔لیکن اپنی زندہ دلی سے کنارہ کش نہ ہو۔یوں ہاتھوں میں چائے کا کپ لے کر بغیر پئے ہوئے اسے ٹھنڈا نہ کردے۔عبدالمنان نے دونوں جگہ درخواستیں دیں۔ایک جگہ سے قرض کی منظوری مل گئی۔عبدالمنان بے حد خوش تھا۔قرض لے کر کم لوگ اتنا خوش ہوتے ہوں گے۔

میرے ساتھ چل کر اس نے چھٹی کی درخواست پیش کی۔اپنے شہر کے لیے ریزرویشن ٹکٹ لیا۔ دو دن بعد اس کی گاڑی تھی۔

اپنے گھر والوں کے لیے اس نے جم کر خریداری کی۔اس دن تو اس کا رویہ ہی بدلا ہوا تھا۔جو عبدالمنان کم قیمت کی چیزوں پیسے دینے میں مول تول کرتا،وہ اس دن دکانداروں کو منہ مانگی رقم دے رہا تھا۔سب کے لئے اس نے کوئی نہ کوئی تحفہ خریدا۔بہن کی شادی کے لیے الگ سے خریداری کی۔بیوہ ماں کے لیے رنگین ساری۔میں تھوڑا معترض ہوا۔لیکن اس نے کہا کہ کبھی تو وہ بھی گلابی رنگ کا حصہ بنے۔سفید اور سیاہ نے اسے بہت پہلے بھری جوانی میں ضعیفی کی زنجیر پہنادی۔بیٹے کے لیے بیٹری والی قیمتی گاڑی اور بیٹی کے لیے ٹیپ ریکارڈر سے بولنے والی گڑیا۔

زبردستی اس نے مجھے اچھے ہوٹل میں گریل اور پراٹھے کھلائے۔خود یوں کھا رہا تھا جیسے زندگی میں پہلی بار اچھا کھانا نصیب ہورہا ہو۔مرچ سے اس کی آنکھیں بھیگ گئیں۔آنکھیں پونچھتا اور گوشت پر ٹوٹتا ہوا عبدالمنان مصور کی کسی عجیب سی کیفیتوں والی تصویر کا مرقع پیش کررہا تھا۔قرض لیے گئے پیسے کی یہ شاہ خرچی مجھے اچھی معلوم نہ ہوئی۔وہ کئی پلیٹ گریل اور متعدد پراٹھے صاف کرگیا۔لیکن میں......اس کا دوست ہونے کے ناطے مجھے اس کی حالت پر ترس آرہا تھا۔ایک پلیٹ پر ہی میں نے اکتفا کیا۔

چھٹی کی درخواست وہ دے چکا تھا۔دو دن کے بعد کے ریزرویشن نے اس کے گھر پہنچنے کی بیتابی بڑھادی تھی۔دوسرے روز اس نے مجھے بوٹینکل گارڈن چلنے پر آمادہ کرلیا۔اس طرح وہ دو برس پہلے بیوی بچوں کے ساتھ وہاں جانے کی یاد کو تازہ کرنا چاہ رہا تھا۔

''وہ دیکھو......اسی ہاتھی پر میرے بچے نے سواری کی تھی......بڑا دلیر ہے میرا بیٹا......اسے ہاتھی پر چڑھاتے ہوئے میں ڈر رہا تھا لیکن وہ ذرا بھی خائف نہ تھا۔اس چھوٹی سی عمر میں ہاتھی کی سواری کرتا رہا۔''

عبدالمنان نے دور جاتے ہوئے ہاتھی کو دیکھ کر بتایا۔

کچھ آگے بڑھنے پر بچوں کی ٹرین کے لیے بنے خوبصورت اور دلکش ڈونالڈ ڈک نگر اسٹیشن کے پاس پہنچ کر وہ پھر یادوں میں کھو گیا۔

"یار کمال ہے، چلڈرن ٹرین کے ناہموار ہچکولوں کے بیچ بھی وہ بچہ مستقل کھڑا رہا اور اچک اچک کر شرمیلی بلّی، مور، ہرن، شیر ببر، تیندوے اور مختلف جانوروں کو دیکھتا رہا ۔ ہاتھ ہلا ہلا کر انھیں ہیلو کہتا رہا...... تالیاں بجا بجا کر اپنی خوشی کا اظہار کرتا رہا......"

میں نے محسوس کیا کہ عبدالمنان اپنے بچے کو یاد کر کے قلبی سکون حاصل کر رہا ہے۔ بیوی کی باری بھی آئی......اور اس کے ہونٹوں پر عجیب سی دلفریب زیرلب مسکراہٹ نمودار ہوئی۔

"وہ سیدھی سادی عورت سیٹ پر گھونگھٹ نکالے اس طرح سکڑی سمٹی بیٹھی رہی جیسے سہاگ رات میں بستر کے کونے پر بیٹھی ہوئی کوئی دلہن شوہر کی آمد سے پہلے آنے والے نامانوس لمحوں کے تصور سے خوف میں مبتلا ہو۔ اس نامراد نے کہیں انجوائے نہیں کیا...... ہر جگہ قافلے سے الگ خاموش تماشائی کی طرح مبہوت بنی رہی...... بینڈ باجوں کے بیچ شامل باجا...... یوں سمجھو کہ سلک کپڑے میں سوتی پیوند......!"

عبدالمنان حسب معمول اپنے طویل بیانیہ اور جزئیات نگاری میں بیچ بیچ میں چھوٹی چھوٹی تشبیہیں اور استعارے بھی گڑھتا جارہا تھا۔

ہم لوگوں نے بوٹنگ کی......اس لیے کہ اس نے دوسال پہلے اپنے بچوں کے ساتھ کشتی کا سفر بھی کیا تھا۔ "سانپ گھر" بھی گئے......کیوں کہ اس کے بچوں کو سانپ دیکھنے کو بہت شوق تھا جیسا کہ اس نے بتایا خود وہ سانپوں سے بے حد ڈرتا تھا۔ اس کے بچپن کا ایک بھیانک واقعہ اس کے ذہن پر اب تک ثبت تھا۔ جب اس کا باپ سانپ کی زد میں ہلاکت کا شکار ہوا تھا۔ سارے جادو منتر رائیگاں چلے گئے تھے۔ کوئی علاج کام نہ آیا۔ جس دم پڑوس کی عورتیں اس کی ماں کے ہاتھوں کی سہاگ کی چوڑیاں توڑ رہی تھیں اسے یہ سب قدرت کا انتہائی ناگوار اور ذلیل عمل معلوم ہوا تھا۔ یہ سب یاد کر کے ہی اس کے رونگٹے کھڑے ہو جاتے۔ بچوں کی ضد کے آگے اس نے گود میں اٹھا اٹھا کر کریت، کوبرا، اجگر اور متعدد سانپوں کے نظارے انھیں کرائے تھے۔

"تعجب ہے میرے بچے سانپوں سے نہیں ڈرتے......شاید ہمارے بعد کی پیڑھی سانپوں سے نہیں گھبراتی...... ہم ہی ہیں جو سانپوں سے اس قدر خوف کھاتے ہیں......!"

اس نے بتایا کہ عمرانی ارتقا کی یہ کڑی اطمینان بخش ہے کہ مستقبل میں بچوں کے لیے سانپ مسئلہ نہیں رہیں گے۔

اسی ٹی اسٹال پر اس نے چائے بھی پی جہاں اس نے بیوی بچوں کے ساتھ ناشتہ کیا تھا۔ اس

کے بچوں کو گر ما گرم سموسے بے حد پسند تھے۔ اور اسے خالی پیٹ میں چائے پر چائے۔ دو گلاس پانی اور ایک کپ چائے...... دن بھر یہی سلسلہ جاری رہتا۔ وہ ڈرتا بھی نہیں تھا کہ اس طرح وہ السر کو دعوت دے رہا تھا۔

غرض اس روز اس نے بوٹینکل گارڈن میرے ساتھ گھومتے ہوئے اپنے گھر والوں کو جی بھر کر یاد کیا۔

دھوپ کی شدت کم ہونے لگی تھی۔ دن اب زوال کی طرف مائل تھا۔ فضا پر مردنی سی چھانے لگی۔ چڑیا گھر کی سیر کے لئے آئے ہوئے لوگوں پر پژمردگی طاری ہونے لگی تھی۔ اسے واپسی کا خیال آیا ناگاہ اس نے محسوس کیا کہ وقت سے پہلے ہی لوگ واپس جانے لگے تھے۔ گیٹ تک پہنچتے پہنچتے فضا کی خموشی سناٹے میں تبدیل ہوتی ہوئی محسوس ہوئی۔ خطرے کی بو سونگھتے ہوئے اس نے سرگوشیوں میں کہا۔

''معاملہ کچھ گڑبڑ معلوم ہوتا ہے...... زندگی کے حقیقی چڑیا گھر میں سانپ گھر کے شیشے شاید ٹوٹ گئے ہیں...... فوراً واپس چلیں......!''

شاہراہ پر گاڑی موٹر کا نام ونشان نہیں تھا...... اکا دکا ٹمپو ہوا سے باتیں کرتے ہوئے بنا کسی مسافر کی پروا کیے ہوئے اپنی منزل کی طرف گامزن تھے۔

داڑھی والے گیٹ مین نے ہم دونوں کی پریشانی کو بھانپتے ہوئے اشارے سے بلا کر دھیمی آواز میں کہا۔

''شہر میں کشیدگی ہے...... ابھی ابھی خبر ملی ہے...... اپنے علاقے میں ذرا سنبھل کر جایئے گا!''

دیکھتے دیکھتے چاروں طرف عجیب خوف وہراس چھا گیا تھا۔ چڑیا گھر سے نکلے ہوئے سارے لوگ بلا تفریق مذہب وملّت اپنی اپنی جانوں کے تحفظ کو لے کر گہرے خوف میں مبتلا تھے۔ کاٹو تو لہو نہیں۔ سب ایک دوسرے کو شک کی نگاہ سے دیکھتے ہوئے چھوٹی چھوٹی ٹولیوں میں بٹ چکے تھے۔

مجھے لگا کہ یہ انسان چڑیا گھر کے اندر سلاخوں میں بند جانوروں سے بھی زیادہ بے بس محصور اور محتاج ہیں۔ دیکھتے دیکھتے فضائی چادر کا رنگ گہرا ہونے لگا۔ خوف ودہشت میں اضافہ ہوتا جارہا تھا۔ عورتوں اور بچوں کے چہروں سے سیر وتفریح کی ساری مسرت غائب ہو چکی تھی۔ ہر چہرہ پیلیا کے مریض کی طرح زرد نظر آرہا تھا۔

عبدالمنان کا پرانی یادوں کو تازہ کرنے کا جنون ختم ہوگیا۔ بیوی بچے سب کے سب ذہن سے محو ہو گئے۔ اس وقت یہی اندیشہ غالب تھا کہ اپنی رہائش گاہ تک کسی طرح محفوظ وسلامت پہنچ جائیں۔ اس نے مجھے پیدل چلنے کا مشورہ دیا۔ ہم دونوں اتفاق سے ایک ہی محلے میں رہتے تھے۔ ہم لوگ کسی طرح اپنے علاقے میں پہنچ گئے۔ یہاں پہنچ کر معلوم ہوا کہ زہر چاروں طرف پھیل چکا ہے۔ ہلکی سی چنگاری بھی سب کچھ جلا کر خاکستر کر سکتی ہے۔

عبدالمنان کو اب بیوی بچوں کی سلامتی کی فکر ستانے لگی۔ میں اس حق میں نہیں تھا کہ اس ماحول میں وہ اتنا طویل سفر اختیار کرے۔

لیکن اور چارہ کیا تھا۔ چارونا چار اسے جانا ہی تھا۔ میں اسے سی آف کرنے اسٹیشن گیا۔

عبدالمنان سے وہ میری آخری ملاقات تھی۔

اس کے بعد سے اسے دیکھنے کے لیے میری آنکھیں ترس گئیں۔ ٹرین کھلنے سے پہلے تک وہ بیوی بچوں کے بارے میں باتیں کرتا رہا تھا۔ بڑی حفاظت سے اس نے ان کے لیے خریدے ہوئے تحفے اپنے سرہانے رکھے۔ رخصت ہوتے وقت اس کی آنکھیں بھیگ گئیں۔

وہ اس سے میری آخری ملاقات تھی۔

روانہ ہوتی ہوئی ٹرین کی کھڑکی سے ہلتے ہوئے اس کے کانپتے ہاتھ اور خوف سے اس کا زرد چہرہ اب تک یاد ہے۔

اس کے بعد وہ نہیں لوٹا۔

وہ جس علاقے میں گیا تھا وہاں انسانی اجسام پھول گوبھیوں میں تبدیل ہو گئے تھے۔

مجھے یقین ہے کہ اس کا سانپوں سے نہ ڈرنے والا بچہ ضرور زندہ بچ گیا ہوگا۔

اس کے بعد سے میں بیمار رہنے لگا۔ شاید مجھے علاج کی ضرورت ہے۔ ایک مخصوص خواب مجھے پریشان کرنے لگا۔

چاروں طرف اونچے اونچے اسکائی اسکریپر آسمان سے باتیں کر رہے تھے۔

ہر طرف سے سرپٹ گھوڑوں کی ٹاپ سے اسے کچلنے کے لیے آ رہی تھی۔

چشم زدن میں ان کے درمیان سے ایک بچہ نمودار ہوتا ہے۔

دیکھتے دیکھتے وہ جوان ہوتا ہے اور مجھے ہاتھ ہلاتے ہوئے کہتا ہے۔

''ہیلو انکل......وی مسٹ بی ہپی ان انڈیا......''

اس کے ہاتھوں میں ہتھیار ہے۔

دور کہیں سے دھماکوں کے درمیان اونچی اونچی بلڈگوں کے زمین دوز ہونے کی آوازیں آ رہی ہیں۔

میں اس کے چہرے پر غور کرتا ہوں۔ اس کے چہرے کے نقوش میں عبدالمنان کی نمایاں جھلک ہے۔

وہی سانپوں سے نہ ڈرنے والا بچہ۔

میں امن پسند روشن خیال شہری ہوں۔ اس بچے سے مجھے ڈر لگنے لگا ہے۔

دھیرے دھیرے سرپٹ گھوڑوں کی ٹاپ کی گونج معدوم ہو رہی تھی۔ پر اسرار اور بھیانک سناٹے اپنے بدہیئت پاؤں پسارنے لگے۔

فضا میں چاروں طرف ہو کا عالم تھا۔
ہر طرف گھٹا ٹوپ اندھیرا چھا رہا تھا۔

نواں باب

روشن خیال ہندوؤں کی انسان دوستی

طوفان تھما تو اپنے شناساؤں اور قرابت داروں کی خیر و عافیت جاننے کی فکر لاحق ہوئی۔
جانے ان پر کیا گزری......؟
کیسے اس طوفان کا سامنا کیا ہوگا......؟
ایسے سیدھے سادے لوگ خون خرابے کے سیلاب میں کس طرح خود کو قائم رکھ پائے ہوں گے؟
وہ سوچتا رہا...... دیر تک الجھتا رہا۔
جانے ان پر کیا افتاد آن پڑی۔
کتنے لوگ جاں بحق ہو گئے۔
کتنے گھر بار......

ارشد کی والدہ مرحومہ کے ایصال ثواب کی مجلس چہلم میں شامل ہونے کی ایک غایت یہ بھی تھی کہ لوگوں کے بارے میں تازہ ترین معلومات حاصل ہو جائیں۔
اس کے بچپن کے دوست ارشد کی والدہ اسے بے حد عزیز رکھتی تھیں۔ مجلس چہلم کا سیاہ حاشیے والا دعوت نامہ موصول ہوا تو اپنی تمام مصروفیتوں کے باوجود اس اجتماع میں شرکت کا موقع اس نے کسی طرح نکال ہی لیا۔
وہیں مشہور فری تھنکر ایم ٹی خاں صاحب سے ملاقات ہوئی تو ذہن میں پچھلے طوفان کی بابت کئی سوال کوندے گئے۔

موٹا بسکٹ کھانے کے بعد چائے پیتے ہوئے اس نے کہا۔
''امن پسند لوگ اپنے دروازے کیوں بند کر لیتے ہیں؟''
''طوفان سے ٹکرانے کی جسارت کیوں نہیں کرتے؟''
وہ تڑپتے ہوئے ہلکان ہوتا رہا۔
''تدارک کیا ہے؟ خدا کے بندے کب تک آپس میں......!''
خاں صاحب نے بتایا۔ لیکن بولنے سے پہلے حسبِ عادت انہوں نے ایک مشہور شعر پڑھا۔

کچھ یادگارِ شہرِ ستمگر ہی لے چلیں   آئے ہیں اس گلی میں تو پتھر ہی لے چلیں

''سوال کچھ گہرے اور تشویشناک ہیں۔ آ ئے ہیں تو جان لیجئے کہ اس علاقے میں آج کل کامریڈ آفتاب صاحب بھی رہتے ہیں۔ جو طوفانی دنوں میں اسی بدنام زمانہ سنسے ٹیو علاقے میں رہ رہے تھے...... چلئے ان سے ملتے ہیں اور ان کی روداد سنتے ہیں...... بہت ساری باتیں سامنے آئیں گی......!''

''آفتاب صاحب؟''

اس نے ذہن پر زور ڈالا۔

ان کے بارے میں تو اس کا خیال تھا کہ حالات سے برگشتہ اور بددل ہو کر وہ اٹواٹی کھٹواٹی لے کر پڑ رہے ہوں گے۔

شہر کی مصروف زندگی میں سماجی رسوم کی ادائیگی کا موقع کہاں نکل پاتا ہے۔ اس دور میں آدمی کو اپنے آپ سے فرصت نہیں۔ دفتر اور گھر کے پاٹ کے درمیان پستے ہوئے زندگی کے دیگر تقاضوں سے عہدہ برآ ہونے کا موقع کیسے ملتا ہے......؟ وہ تو کہئے کہ مجلس چہلم کے لیے جب وقت نکال ہی لیا تھا تو آفتاب صاحب سے ملنے کی تجویز پر وہ ان کے ہاں جانے کے لیے آسانی سے تیار ہو گیا۔

بڑی دل آویز شخصیت تھی آفتاب صاحب کی جس محفل میں رہتے اپنے نام کی مناسبت سے اجالا کیے رہتے۔ زندگی کے تاریک سے تاریک اور مایوس کن لمحوں میں میں بھی انہوں نے حالات کے آگے گھٹنا ٹیکنا نہ سیکھا تھا۔

''لڑتے رہو یہاں تک کہ تم جیتو گے......اور ہار جیت اضافی چیزیں ہیں......اصلی چیز ہے کہ تم نے مزحمتوں سے لڑائی کی...... یہ لڑائی اپنے آپ میں ایک جیت کی حیثیت رکھتی ہے......''! یہ تھا آفتاب صاحب کی زندگی کا بنیادی اصول۔

فسطائی قوتوں کے آگے جانبازی کے ساتھ ڈٹے رہنے والے آفتاب صاحب نے زندگی کو اتنے قریب سے دیکھا تھا کہ ان کی صحبت میں فکری طور پر ہمیشہ مالا مال ہونے کا احساس ہوتا تھا۔ کانٹا کانٹا سی کیفیتیں پھول بردار ڈالیوں میں تبدیل ہو جاتیں۔ ہر طرف خوش نماز عفرانی اور عنابی فصلیں لہلہانے لگتیں۔

ان دونوں نے ارشد سے اجازت چاہی۔ قرآن خوان، قل و فاتحہ کے بعد میلاد النبیؐ بھی ہو چکی تھی۔ مولانا نے اختتامی تقریر میں دین دنیا کے مختلف مسائل پر بولتے ہوئے فرمایا تھا۔

''شہیدوں کی جانبازی اور دنیاداری ایسی ہے کہ سیدھے جنت میں پہنچنے کے بعد بھی اگر ان سے دوبارہ دنیا میں آنے کی بابت پوچھا جائے تو وہ دنیا میں آ کر صداقت کی بقا کے لیے پھر شہید ہونے کو لبیک کہیں......اور تم ہو کہ طوفان آتا ہے تو گھر کے کونوں کھدروں کی تلاش کرتے ہو......باتھ روم میں اور چوکی کے نیچے پناہ گزیں ہو جاتے ہو......تُف ہے تجھ پر......تُف ہے تیری اوقات پر......تو بھول گیا کہ تیرے

اجداد نے ستّر کی تعداد میں ہزاروں کا مقابلہ کیا اور فتح و کامرانی حاصل کی......!''

جولانیوں پر آئی ہوئی مولانا کی پر جوش اور حقیقت حال سے لبریز تقریر سن کر انہیں امن و آشتی کے پیامبر آفتاب صاحب کی شدت سے یاد آنا لازمی تھا۔

''اسی گنجان آبادی والے علاقے میں انہوں نے شفٹ کیا ہے!''

خاں صاحب نے اسے جانکاری دی۔

''ان کا طوفان زدہ علاقہ چھوڑنا کیا ان کی مایوسی اور حالات کے آگے سر نوانے کی علامت نہیں؟''

اس نے خاں صاحب سے پوچھا۔

''یہی تو پوچھنا ہے ان سے۔ اتنا روشن خیال آدمی باد مخالف کے ریلے میں کیسے بہہ گیا......اور کیا سچ مچ وہ بھی اب ہار مان چکے ہیں...... یہ سمجھنے لگے ہیں کہ حالات نہیں سدھریں گے......؟''

کچھ دیر توقف کے بعد انہوں نے پھر کہا۔

''ساری باتیں پوچھیں گے ان سے...... آج موقع مل گیا ہے تو اپنی تشفی کر لیجئے...... یوں بھی فرصت کے اوقات میں شناساؤں کی خیر سلاّ جاننے کے لیے وقت نکالنا چاہئے......سماج میں رہنے کے کچھ تقاضے ہوتے ہیں...... جینے کو تو کتّے بھی جیتے ہیں......اور معاف کیجئے گا جانوروں کی بھی ایک سماجی زندگی ہوتی ہے......ہم تو ٹھہرے منوشیہ جو اپنی بنیادی سرشت کے اعتبار سے ہی ایک سماجک پرانی ہیں......!''

اپنی دھن میں مست خاں صاحب ایک ایک لفظ چبا چبا کر اور ہاتھ ہلا ہلا کر لگاتار بولتے جا رہے تھے۔

کئی لوگوں کو روک کر خاں صاحب نے آفتاب صاحب کے گھر کی بابت دریافت کیا۔ کسی نے کچھ نہ بتایا۔ افسوس ہوا کہ سماجیات اور عمرانیات کے میدان کا ایسا مایہ ناز انسان جو اپنے علاقے کے سماجی زندگی میں ایک متحرک اور نامیاتی کردار ادا کرتا رہا تھا، اس محلے میں آکر گمنامی کی زندگی گزار رہا تھا۔

اس کے دل کو ایک دھکا لگا۔ طوفان نے آفتاب بھائی کے پاؤں اکھاڑ دیئے۔ ان کی ساری شیخی دھری کی دھری رہ گئی۔ انقلاب برپا کرنے اور پھول کھلانے کا سارا عزم پانی کا بلبلہ ثابت ہوا۔ آخر کار حالات کے آگے انہوں نے بھی گھٹنے ٹیک ہی دیئے۔

وہ عجیب بے بسی اور گھٹن کے احساس سے گزر رہا تھا۔ ذہن پر منوں بوجھ لدا تھا۔ ایک مدّت کے بعد نماز فجر اور قرآن خوانی کے اجتماع میں شامل ہونے کے لیے علی الصباح اٹھا تھا تو باد صبا نے جسم میں ایک عجیب سی پھرتی اور ارادوں میں تازگی بھر دی تھی۔ خیالات نے انگڑائی لی تھی اور جسم عجیب سی پھُریری سے دوچار ہوا تھا۔ بزرگوں نے غلط نہیں کہا کہ زندگی کا مزہ لینا ہو تو سورج کے اٹھنے سے پہلے اٹھو......اس

کے جاگنے کا استقبال کرو......سارادن انبساط میں گزرے گا۔

لیکن ساری توانائی سوچ اور فکر و تردد میں زائل ہونے لگی۔

وہ پھر گم ہو گیا۔

آفتاب صاحب جیسا آدمی کیوں کر ٹوٹ گیا۔ کیا ن کے عزیز و اقارب کی......ضرور وہ بھی بادِ صرصر کی زد میں جانی و مالی نقصان سے دوچار ہوئے ہوں گے......لیکن آفتاب صاحب تو سچ مچ آفتابی خصلتوں سے پُر انسان تھے۔ زندگی میں کیسے کیسے دکھ اور کیسی کیسی مصیبتیں انہوں نے اٹھائی تھیں۔ اور تاریک سے تاریک راتوں کے بعد مثل آفتاب صبح ہونے کی بشارت دیا کرتے تھے۔

آفتاب صاحب جس علاقے میں رہتے تھے وہ دیارِ اغیار تھا۔ اچھے خاصے غنڈوں شہدوں کا علاقہ، لیکن وہاں بھی انہوں نے مایہ ناز سوشل ایکٹی وسٹ ہونے کا ثبوت دیتے ہوئے اپنی سرگرمیوں سے خیر و شر کے درمیان تفریق اور شر کے سامنے مزاحمت کی جدو جہد جاری رکھی تھی۔ مختلف کمیٹیوں ...میٹنگ ...جلوس اور مظاہروں کے ذریعہ لوگوں لوگوں کو جانوروں سے انسان میں تبدیل کرنے کے اپنی زندگی کے اصلی مشن کے سفر پر بحسن وخوبی گامزن تھے۔ راستے میں اکثر و بیشتر انہیں لہولہان ہونا پڑا۔ غنڈوں شہدوں کے چھرے اور پستول اور پولس کے ڈنڈوں کا سامنا کرنا پڑا......لیکن آفتاب صاحب منور کرنے اور اجالا پھیلانے کی اپنی خصلت سے باز نہ آئے۔

ان کے درمیان آفتاب صاحب انتہائی آئیڈیل انسان تھے۔ مردِ کامل شاید ایسے ہی لوگوں کو کہتے ہیں۔ گاڑھے گاڑھے سیاہ بالوں کا انہوں نے مقابلہ کیا اور زمین و آسمان روشن کرنا نہ چھوڑا۔

باپ نے اپنے بچوں کو کہا۔

''دیکھو بیٹا آسمان میں سورج اور اس سیاہ بادل کے درمیان زوردار اٹھا پٹک چل رہی ہے......بتاؤ جیت کس کی ہوگی......؟''

بچہ چکرایا......کیا جواب دے......ہواز پاورفل......کلاؤڈ اور سن......؟

بچہ آسمان کی طرف سے نگاہیں ہٹا کر باپ کی آنکھوں میں جھانکنے لگا۔ اس سوال کا معقول جواب اسے نہیں سوجھ رہا تھا۔

باپ نے بچے کے گال پر تھپکی دیتے ہوئے کہا۔

''جیت سورج کی ہوگی بیٹے......صبح ہوگی اور تمہارے اسکول اور میرے دفتر کا وقت ہو جائے گا۔''

طبیعت میں تکان ہو اور آرام کرنے کی خواہش ہو تو جی چاہتا ہے جیت سیاہ بادل کی ہو......سورج

نہ نکلے......دن نہ چڑھے......اسکول اور دفتر جانے سے نجات مل جائے......کیسی کیسی خواہشیں ہوتی ہیں۔

''کہاں کھو گئے؟''

خاں صاحب نے پوچھا۔

''آفتاب صاحب کے بارے میں سوچ رہا تھا اور بہت ساری باتیں ذہن میں سر ابھار رہی تھیں......میں تو بہت مایوس ہو گیا ہوں......!''

اس نے دھیرے سے کہا۔

''مایوسی کفر ہے......اس زہر کو بھولے سے بھی ہاتھ نہ لگایئے۔ساری زندگی برباد ہو جاتی ہے۔ ہر حال میں ایکزرٹ کرنا ہے...... بھاگنے سے کام نہیں چلے گا......اِدھر اُدھر جانے سے بھی بات نہیں بنے گی......کسی بھی قیمت پر یہیں رہنا ہے اور مسئلہ کا حل نکالنا ہے......!''

خاں صاحب ریڈیکل آدمی ہیں......لوہے کے چنے چبانے کی تلقین کرنا نہیں بھولتے۔

''لیکن وہ خاں صاحب......ایسے مشہور آدمی کی گمنامی کیا مایوس نہیں کرتی......؟''

اس نے بڑی بے چارگی کے عالم میں آفتاب صاحب کے متعلق سوال کیا۔

''خواہ مخواہ اندیشے میں مبتلا رہنا اچھا نہیں......فکر صحت کے لیے بے حد مضر ہے۔ان سے واہمے جنم لیتے ہیں اور واہموں میں ذہن کی نامیاتی صلاحیتوں کا بڑا زیاں ہوتا ہے۔ چلئے ان ہی سے پوچھتے ہیں......ممکن ہے آفتاب صاحب نے جان بوجھ کر اس محلّے میں خاموشی کی زندگی اختیار کر رکھی ہو......گوشہ نشینی اپنانے والوں سے عموماً لوگ ناواقف ہوتے ہیں علاوہ ازیں اس محلّے میں ابھی نئے نئے آئے ہیں......فی الوقت جان پہچان اور شناسائی کے مرحلے میں ہوں گے۔ میں نہیں مانتا کہ آفتاب صاحب تھک ہار کر بیٹھنے والوں میں ہیں!''

خاں صاحب نے بتایا کہ اس علاقے میں سکونت اختیار کرنے کے بعد وہ ان سے مل چکے ہیں۔ گلی ٹھیک سے یاد نہیں آ رہی ہے۔لیکن اسی طرح کی گلی تھی۔ وہاں پر کئی گلیاں ایک ہی طرح کی تھیں۔ ملتے جلتے مکانات، ملتی جلتی نالیاں، ایک سے کوڑے کے ڈھیر......اور ملتے جلتے امک ڈھمک چہروں کا ہجوم...... تاش کے پتوں میں الجھے ہوئے......گالی گلوچ میں مصروف......نل پر پانی کے لیے لائن لگی ہوئی ابھرے ہوئے گول کولہوں والی عورتوں کی کھسر پھسر اور بد کلامیاں۔لوانڈین کی آوازیں......کسی کسی گھر کھڑکیوں سے جھانکتی ہوئی سسکاریوں کی آہٹیں......کہیں کہیں نشہ آور سگریٹ کے کش لگاتے ہوئے زرد چہرے اور سرخ آنکھوں والے نوجوان لڑکوں کی پتلی پتلی ٹانگوں کی لڑکھڑاہٹ گلی کے موڑ کے ایک کونے پر ایک تنومند متمول زٹیل آدمی بیگ میں رکھے ہوئے چھوٹے چھوٹے پیکٹ کو نوجوانوں میں فروخت کرتا اور پر اسرار

ڈھنگ سے مسکراتا ہو...... میلے کچیلے بچے......ناک سے بہتی ہوئی رطوبت...... گولیاں کھیلتے ہوئے...... آپس میں جھگڑتے ہوئے تیسری دنیا کے کسی قصبے کی گلیوں کے منظرنامے عموماً ایسے ہی تو ہوتے ہیں...... صرف رنگوں اور لکیروں کا تھوڑا فرق ہوتا ہے......مجموعی اعتبار سے تصویری شبیہیں اسی طرح کی ہوتی ہیں۔

خاں صاحب نے آخرکار ڈھونڈ نکالا۔مختلف گلیوں میں استفسار کرنے اور گھومنے کے بعد ایک گلی کے موڑ پر انہوں نے رک کر پورے تیقن سے کہا۔

''یہی گلی ہے......اس گلی کے چوتھے یا پانچویں مکان کے دروازے پر یہ اسٹیکر چسپاں ہوگا!''

''ہٰذا من فضل ربی۔''

''آپ چلیں، ملاحظہ کرلیں!''

خاں صاحب بے حد خوش تھے جیسے کوئی بڑی دولت مل گئی ہو۔اس کا ہاتھ پکڑ کر تیز تیز قدموں سے آگے بڑھنے لگے۔ پتلی پتلی لمبی ٹانگیں کپکپاہٹ سے دوچار تھیں۔ وہ مایوسی کے عالم میں گھسٹتا ہوا ان کے ساتھ چلتا رہا۔ جتنے لوگوں سے وہ آفتاب صاحب کے بارے میں دریافت کرچکے تھے اور جتنی دیر سے وہ دونوں انہیں ڈھونڈنے کی تگ ودو میں مصروف تھے، اسے تو اب آفتاب صاحب سے مل پانے کی امید موہوم ہوتی دکھائی دے رہی تھی۔

''جھوٹ بولتے ہیں خاں صاحب......رجائیت پسندی کا مظاہرہ کررہے ہیں۔آفتاب صاحب شاید بچے ہی نہیں۔اور اگر جان بچا کر بھاگنے میں کامیاب ہوگئے تو پہلے والے آفتاب صاحب نہیں رہے۔''

ایک شکستہ سے دروازے کے سامنے وہ رک گئے۔ سچ مچ وہ طغریٰ دروازے پر چمک رہا تھا۔

''ہٰذا من فضل ربی۔''

خاں صاحب نے دروازے کی کنڈی کھٹکھٹائی۔

ایک لڑکے نے دروازہ کھولا۔

''آفتاب صاحب یہیں رہتے ہیں بابو......؟''

''ہاں ہاں آجایئے۔''

اجاڑ سے بنے کتاب، اخبار اور رسائل کے بکھرے ہوئے انبار والے چھوٹے سے اس تنگ ڈرائنگ کم بیڈروم میں چیزیں بے قرینہ پڑی ہوئی تھیں۔ایک طرف فارین میڈ واشنگ مشین رکھی ہوئی تھی جس کی چمک دمک دیکھنے سے اندازہ ہوتا تھا کہ آج تک استعمال کرنے کی نوبت نہیں آئی۔

''معلوم ہوتا ہے کہ آفتاب بھائی نے کسی لڑکے کی شادی کردی۔جہیز میں یہ واشنگ مشین بھی ملی

ہے ورنہ آفتاب صاحب جس طرح عسرت میں اللہ کا شکر ادا کرتے ہوئے زندگی گزار رہے تھے، وافر مقدار میں ڈٹرجنٹ پاؤڈر کا آنا بھی محال ہوتا تھا۔ شاید آفتاب صاحب کے دن اچھے چل رہے ہیں۔ لڑکا ڈاکٹر یا انجینئر ہونے کی دوڑ میں کامیاب ہو گیا۔ اب سب کچھ وارے نیارے ہیں۔ اسی لیے تو سماجی اور معاشرتی سرگرمیوں سے باز آ کر انہوں نے کمبل اوڑھ کر گھی پینے کا روایتی وطیرہ اختیار کرلیا ہے!''

اس نے دھیمی آواز میں آفتاب صاحب کے متعلق اپنے خیالات کا اظہار کیا۔

اتنے پر بھی دل کی بھڑاس نہیں نکلی۔ اس نے مزید کہا۔

''لٹنے پٹنے کے بعد آفتاب صاحب ردعمل کا شکار تو نہیں ہو گئے؟ لوٹنے کھسوٹنے کے اسی طرز زندگی کے تو خوگر نہیں ہو گئے۔ جس کے خلاف احتجاج کرتے رہنا ان کی بنیادی پہچان تھی۔''

خاں صاحب نے اس کے ہاتھ پر دباؤ دیا۔

اندرونی دروازے پر آہٹ ہوئی۔

پردہ ہٹا۔ تقریباً کلیجہ پکڑے اور کھانستے ہوئے آفتاب صاحب زنان خانے کی طرف سے وارد ہوئے۔

''السلام علیکم!''

دونوں کھڑے ہو گئے۔ اس نے آفتاب صاحب کی طرف بغور دیکھا۔ آنکھوں میں وہی چمک تھی...... چہرے پر وہی زیر لب مسکراہٹ...... ہار کر بھی جیتنے کی اور جیت کر بھی ہارتے رہنے کے معصوم احساس کی مسکراہٹ۔

''معاف کیجیے بھائی...... ان دنوں طبیعت ٹھیک نہیں رہتی۔ تنفس کی پُرانی شکایت پوری شدت کے ساتھ عود کر آئی ہے۔ اوپر چھت پر دھوپ میں لیٹا ہوا تھا...... آنے میں تھوڑی دیر ہو گئی...... معافی چاہتا ہوں!''

''آفتاب بھائی ان کو تو آپ جانتے ہی ہیں......!''

خاں صاحب نے گلا کھنکھار کر کہنا شروع کیا۔

باہر گلی سے میلے کچیلے بچوں کے گولی کھیلنے اور لڑائی جھگڑا کرنے کا شور خاں صاحب کی گفتگو میں حارج ہو رہا تھا۔ انہوں نے آواز میں تھوڑا اور زور پیدا کیا پچھلے واقعے اور آپ کی پرانی رہائش گاہ سے ہٹ جانے کی وجہ سے ان کے ذہن میں کچھ سوالات پیدا ہو گئے ہیں...... بھائی صاحب بے چینی میں مبتلا ہیں...... مجھ سے پوچھ رہے تھے...... میں نے کہا خود آفتاب بھائی سے دریافت کر لیجیے......!''

آفتاب صاحب اس کی طرف مخاطب ہوئے۔ ایک پھیکی مسکراہٹ ان کے لبوں پر رینگ گئی۔ آنکھوں سے نقاہت کی کیفیت عیاں ہو رہی تھی۔ پوری طاقت لگا کر خود کو سنبھالے ہوئے تھے۔

اس نے خود کو تیار کرنا شروع کر دیا۔ آفتاب صاحب جیسے اسکالر سے سوال کرنا بھی آسان نہ تھا۔

اس نے ذہن میں الفاظ جمانے شروع کئے۔

''آفتاب بھائی......! پچھلی بار جو طوفان آیا اس نے اچھے اچھوں کے پیر اکھاڑ دیئے......بستیاں اجاڑ دیں یہاں تک کہ آپ جیسے جانباز ثابت قدم انسان کو بھی وہ دیار چھوڑنا پڑا۔ اب بھی کیا آپ اپنے پرانے اسٹینڈ پر قائم ہیں کہ ہمیں یہیں رہنا ہے اور مل جل کر رہنا ہے اور حالات ایک دن بدلیں گے؟''

''یقیناً......میں آج بھی پوری شدت اور تیقن کے ساتھ اسی پرانے اسٹینڈ پر قائم ہوں۔''

آفتاب بھائی نے کھانستے ہوئے زیرلب مسکراہٹ کے ساتھ کہا۔ تھوڑی دیر کے......اندر کی طرف منہ کر کے کسی لڑکے کو آواز دی جس کا مطلب تھا چائے لے آؤ اور گویا ہوئے۔

''ہاں صاحب میں آج بھی ہنڈریڈ پرسنٹ اپنے اس پرانے موقف پر قائم ہوں......ہمیں یہیں رہنا ہے اور مل جل کر رہنا ہے......ساجھے کی سنسکرتی کی ڈور تھامے رکھنا ہے اور ہم جائیں گے بھی کہاں ......بنگلہ دیش بننے کے بعد جینا مرنا سب کچھ یہیں ہے......پٹرو ڈالر ہمارے مسئلہ کا مستقل حل نہیں......مل جل کر رہنے اور شیر و شکر بن کر رہنے میں ہی سب کی عافیت ہے......خود ان کی بھی نجات ہمارے وجود کو مان کر چلنے میں ہی ہے......میں تو بھائی مایوس نہیں ہوں......اپنی پُرانی باتوں پر قائم ہوں۔''

آفتاب بھائی کے اندر پرانے حوصلے اور امنگ کو دیکھ کر اسے حیرت اور خوشی ہوئی۔ یک گونہ اطمینان ہوا کہ ابھی مایوس ہونے کی چنداں ضرورت نہیں لیکن ایک سوال اسے کریدے جا رہا تھا۔

''جب آپ مانتے ہیں آفتاب بھائی یہ سب......تو آپ کو افراتفری میں......''

اس کا سوال پورا ہونے سے پہلے ہی آفتاب صاحب نے ٹوک دیا۔

''دیکھئے......''

آفتاب صاحب نے اندرونی دروازے کی طرف دیکھتے ہوئے کہنا شروع کیا۔

''وہ ایک وقتی بات تھی......ایک سیلاب......ایک طوفان......تموج اور تلاطم......یہ بڑے سے بڑا طوفان تنکوں کو اڑا لے جا سکتا ہے......لیکن ان کے وجود کو ختم نہیں کر سکتا......بڑی سے بڑی سیلابی لہریں تنکوں کو غرقاب نہیں کر سکتیں......جہاں مٹھی بھر لوگوں نے علاقہ چھوڑنے پر مجبور کر دیا وہیں انہی میں سے بہتیرے لوگ ایسے تھے جو مفسدوں کی تمام سرگرمیوں کی مجھے جانکاری دے رہے تھے۔ انہی میں سے بہت سارے لوگوں نے ایک دن آ کر اطلاع دی کہ آج شرپسندوں کے ارادے ٹھیک نہیں ہیں۔'' آفتاب صاحب نے تھوڑی دیر کے لیے توقف کیا۔ اندرونی دروازے کی طرف مضطرب آنکھوں سے دیکھا اور ٹھنڈی سانس لیتے ہوئے قدرے دھیمے لہجے میں بولنے لگے۔

''سچ مچ یہ تو صحیح ہے بھائی کہ کچھ ایسے زنگ آلود ذہن کے لوگ ابھی بھی ہیں جو اس طرح کا موقع آتے ہی اپنا لہجہ بدل لیتے ہیں...... لگتا ہی نہیں کہ وہی آدمی ہے...... وہی پڑوسی ہے وہی بھائی ہے...... آدمی کے اندر سے بھیڑیا جھانکنے لگتا ہے...... لیکن انہی میں سے ایسے ثابت قدم شیر آسا فرشتہ صفت لوگ بھی ہیں جو ساجھے کی سنسکرتی کی دولت ان لمحوں میں بھی سنبھال کر رکھتے ہیں...... اکثریت اس ملک میں اچھے لوگوں کی ہے بھائی...... بھائی چارگی، رواداری اور اخوت کی جڑیں اس ملک میں بہت گہری ہیں...... جنہیں یہ سیاسی اور فسطائی قوتیں ساری زندگی کاٹ نہیں سکتیں......!!'' آفتاب صاحب بول رہے تھے۔ اسی درمیان اندر سے ایک لڑکا چائے لے کر آ گیا۔ اس نے کہا۔

''آفتاب بھائی......! آپ جیسے آدمی کا یہاں آ کر پناہ لینا اور اپنی ایکٹی ویٹی کا علاقہ چھوڑنا کیا حیرت اور دکھ کی بات نہیں ہے؟''

''حیرت کی بات ضرور ہے لیکن ابھی ہم نے کام ہی کتنا کیا ہے۔ ہم جیسے لوگوں کو اپنی دال روٹی اور مکھن ملائی سے فرصت ہی کہاں جو روشن روایت کے چراغ میں تیل مہیا کرتے رہنے کا موقع نکالتے رہیں۔ خود تیل بن کر جلنے کی بات تو دور ہے۔ شہید ذکی انور جیسے لوگ کتنے ہیں...... وہ تو کہئے کہ اس مٹی کے خمیر میں دوسروں کو قبول کرنے اور برداشت کرنے کا قدرتی وصف ہے کہ فرقہ پرستوں کی دال نہیں گلتی...... وقتی طوفان تو وہ پیدا کر دیتے ہیں...... لیکن یاد رکھئے، مستقل امن انسان کی فطری اور جبلی ضرورت ہے۔ اس کو وہ کیسے ختم کر سکتے ہیں...... پورے اطمینان سے رہئے...... سر اٹھا کر چلئے...... گھبرانے کی کوئی بات نہیں۔'' اپنی بات ختم کرنے کے بعد آفتاب صاحب چائے کی چسکی لینے لگے۔

''آفتاب بھائی، آپ نے وہ فیصلہ نہیں سنایا کہ کیوں کر آپ کو ترک علاقہ کرنا پڑا؟''

اس نے چائے کی پیالی اٹھاتے ہوئے سوال کیا۔

''دیکھئے بھائی مٹھی بھر لوگ کوشش میں تھے ہی کہ خیر سگالی والے اس شہر میں جہاں کبھی اس طرح کا واقعہ رونما نہیں ہوا زہر پھیلایا جائے...... اس کا اکاروبار کیا جائے...... وہ زہر پھیلاتے رہے لیکن امرت بانٹنے والے بھی تھے جنہوں نے اس کے خطرناک سازشی ارادوں کی خبر مجھے دے دی۔ میں نے گھر میں تالا لگایا اور بال بچوں کو لے کر اس علاقے میں آ گیا۔ گھر کی کنجی بھی میں انہیں رپورٹ کرنے والوں میں سے ایک ہمدرد پڑوسی کے ہاتھ میں رکھ دی۔ میری زندگی کی ساری پونجی کے تم ہی امانت دار ہو۔ مال تال تو تھا ہی نہیں۔ میرے پاس کچھ بکسے...... چند کتابیں...... اگڑم بگڑم چیزیں...... وغیرہ وغیرہ۔ میرے پڑوسی نے کسی قسم کی انہونی اور لوٹ پاٹ کے اندیشے سے تالا کھول کر سارا سامان اپنے ہاں محفوظ کر لیا۔ طوفان تھما تو ایک ایک چیز میرے حوالے کی۔''

''آفتاب بھائی......!'' اس نے ٹوکا۔

''آپ نے کہا کہ بُرے لوگوں کے ساتھ اچھے لوگ بھی ہیں جو مدد کرتے ہیں۔ سچ ہے کہ مرنے والوں کے ساتھ سارے لوگ نہیں مرجاتے اور زندگی ہر حال میں اپنے آپ کو نارمل بنالینے کی طبعی قوت سے مملو ہے لیکن یہ اچھے لوگ برے لوگوں کے سامنے ڈٹتے کیوں نہیں۔ فرار کا راستہ اختیار کرنے کے بجائے سامنا کیوں نہیں کرتے؟''

''یہی تو بات ہے جناب......! بس یہی تو کمی ہے۔ حقیقت یہ ہے کہ برے لوگ مٹھی بھر ہیں...... لیکن زیادہ تر اچھے لوگ مل کر مزاحمت کریں تو کہیں کسی طوفان کے ٹکنے کی امید ہی نہیں۔ بُرے لوگوں کے پہلے کے مقابلے میں زیادہ منظّم ہونے کے تناظر کا خیال رکھتے ہوئے میں یہ بھی کہوں گا کہ ہمیں اینٹ کا جواب پتھر سے دینے کی جانبازی بھی بنائے رکھنی چاہیے لیکن پھول بانٹنے کی ہمارے سنت صوفیوں کی روایت بھی اپنی جگہ پوری تابندگی سے قائم رہے۔'' تھوڑی دیر کے لئے آفتاب صاحب رکے اور اندرونی دروازے کی جانب دیکھتے ہوئے بولے۔

دستو وورزش بازو کی مشقیں جاری رہیں...... نرم ونازک جذبات سے ہم رشتگی بھی قائم رہے۔ عسکری ہنرمندیوں کی صیقل گری جاری رہے لیکن پہلو بہ پہلو صوفی سنتوں کی روایت کی پاسداری کی نرم روش بھی قائم رہے۔ جو صوفی اور سنتوں کے واقعات یاد ہیں نہ آپ سب کو...... طوفان اور سیلاب آتے بھی تھے تو ان کے پاؤں چوم کر لوٹ جاتے تھے...... ہمارے قدموں میں ایسی استقامت بھی تو ہو......''

وہ دونوں آفتاب صاحب کی باتیں غور سے سن رہے تھے...... کھانسی اور دمّے کے زور کے باوجود اپنے کلیجے کی پوری طاقت سے بول رہے تھے۔ ان کے ارادوں میں کوئی تزلزل پیدا نہیں ہوا تھا۔

''تو آپ کیا پھر اس علاقے میں جائیں گے؟''

اس نے سوال کیا

''یقیناً...... میں جاتا رہتا ہوں...... اور پھر اسی علاقے میں مکان ڈھونڈ رہا ہوں۔ وہ مکان تو کسی اور نے کرایے پر لے لیا۔ ہم الگ تھلگ ہو جائیں اور ایئر ٹائٹ کمپارٹمنٹ میں رہیں تو ان کے زہریلے ارادے تو پورے ہی ہو جائیں...... یہی تو وہ چاہتے ہیں...... ہمیں پوری جانبازی کے ساتھ بیک وقت پھول اور کانٹوں کے ساتھ ان ہی کے ساتھ رہنا ہے؟''

''واہ آفتاب بھائی......! سچ ہے زندگی آپ ہی جیسے مردِ مجاہد کے دم سے قائم ہے...... زندگی پن آپ ہی جیسوں سے عبارت ہے۔''

وہ آبدیدہ سا ہو گیا۔

شہید وہ ہے جو صداقت کے قیام کے لیے جنت چھوڑ کر بار بار دنیا میں آنے اور یہاں کی

صعوبتیں جھیلنے کے لیے ہنس ہنس کر تیار ہو جائے۔''

اس کا دل چاہا کہ آفتاب صاحب کی دست بوسی کرے لیکن وہ تو اس طرح کے فرسودہ رسم ورواج کے قائل نہ تھے۔

اس کی آنکھیں ان پر عقیدت کے پھول برسا رہی تھیں۔ اور وہ چائے کی چسکی لیتے ہوئے لڑتے جھگڑتے گلی کے میلے کچیلے بچوں کو بیٹھے بیٹھے ڈانٹ رہے تھے۔

''کیوں صاحب! اطمینان ہوا آپ کو...... کچھ تشفی ہوئی......؟''

خاں صاحب نے مسکراتے ہوئے اس سے پوچھا۔

''تشفی تو ہوئی خاں صاحب لیکن سوالات پھر بھی رہ جاتے ہیں۔ شاید زندگی کا یہی تقاضا ہے۔''

وہ بعض دیگر اہم سوالوں کو لے کر بے چینی میں بار بار پہلو بدل رہا تھا۔

مسئلے کے کئی گوشے نگاہوں سے اوجھل تھے۔

اس نے بکھرے ہوئے اجزا کو سمیٹتے ہوئے ان اطراف میں بھی آفتاب صاحب کی توجہ مبذول کرانے کی کوشش کی۔

دیکھئے آفتاب بھائی......!''

بدلے ہوئے منظرنامے میں نئے حقائق پر غور کیا ہے آپ نے...... نئے ہتھکنڈوں...... منصوبہ بند طریقوں...... منظّم پلان...... نت نئے طریقوں سے کام لینے لگے ہیں...... سب طے شدہ پروگرام کے تحت ہوتا ہے...... انتظامیہ، پولس...... یہاں تک کہ کبھی کبھی فوج بھی...... یعنی کہ پورا کا پورا جینوسائٹ اور پوگروم''۔

بولتے بولتے تھوڑی دیر کے لیے اس نے خاموشی اختیار کی۔

کمرے میں سناٹا چھایا تھا۔

باہر گلی میں کھیلتے ہوئے بچوں کا شور کچھ کم ہو گیا تھا۔

خاں اور آفتاب صاحب اس کا چہرہ بغور دیکھ رہے تھے۔

اس نے بات پوری کی۔

''اینٹی رائٹ فورس پہنچنے میں دیر ہو جاتی ہے...... اور کہاں کہاں پہنچے گی...... اچھے پڑوسی ہونے کا دم بھریں گے اور دوسروں کو اشارے کر دیں گے...... ان امور کے متعلق کیا فرمائیں گے آپ......؟''

آفتاب صاحب نے پورے تیقّن سے کہا۔

''میں ابھی بھی یہی کہوں گا کہ میجرٹی آف دی پیوپل آر سیکولر...... اکثریت کی اکثریت امن پسند

اور رواداد رہے...... مایوس ہونے کی ضرورت نہیں...... ہمیں ہمّت نہیں ہارنی چاہئے۔''

''تمام باتیں ہوگئیں لیکن ایک سوال تو اپنی جگہ رہ ہی جاتا ہے۔آپ کے اس علاقے سے بھاگنے کی نوبت کیوں آئی؟ ہمنواؤں کے ساتھ حالات کا سامنا کرتے ہوئے آپ فائٹ کیوں نہیں دے سکے؟''

اس نے ایک ایک لفظ پر زور دے کر کہا۔

بالوں میں انگلیاں پھیرتے اور سر کھجاتے ہوئے آفتاب صاحب کو چپّی لگ گئی۔

''بولئے آفتاب صاحب...... چپ مت رہئے۔''

خاں صاحب نے اکسایا۔

دونوں ہمہ تن گوش تھے۔

گہرے کنوئیں سے آفتاب بھائی نے کہا۔

''جو بھی ہو بھائی......''

آفتاب صاحب نے توقف کیا اور کھنکھار کر گلا صاف کرتے ہوئے بولے۔

''بد سے بدتر حالات میں بھی میں اپنی کوششوں سے باز نہیں آسکتا......بنجر سے بنجر زمین میں بھی پھول کھلانے کی کوششوں کو نہیں چھوڑ سکتا......آگے اللہ کی مرضی......''

آفتاب صاحب کا چہرہ سورج کی طرح روشن تھا۔

انہیں دوسرے کئی سوالات کرید رہے تھے۔

دفعتاً اندر سے کسی کے چیخنے کی آواز آئی۔

ان کی انگلیوں سے چائے کی پیالیاں گرتے گرتے بچیں۔

کوئی زوردار لہجے میں بول رہا تھا۔

''بند کرو یہ بکواس......ذلیلو...... تفتیش کرنے نکلے ہیں...... زخم پر نمک چھڑکنے...... حرامزادو...... دانشورو...... کیڑو...... کتّو...... بھیڑیو......!''

کراہتی چیخ لحظہ بہ لحظہ تیز ہوتی جا رہی تھی۔استعاروں کے حجم میں اضافہ ہو رہا تھا۔

دفعتاً سرپٹ گھوڑے چھلانگیں مارتے ہوئے منظرنامے میں آگے بڑھنے لگے۔ایسا معلوم ہوتا تھا کہ کسی کو لوگ مل کر پکڑے ہوئے ہیں اور وہ گرفت سے رہائی کے لیے ہاتھ پاؤں مار رہا ہے۔

آفتاب صاحب کے چہرے پر سراسیمگی کے آثار پیدا ہوگئے۔

''معاف کیجئے ایک قریبی رشتہ دار ہیں......متاثرہ علاقے سے بڑی مشکلوں سے انہیں بچا کر لایا

گیا ہے......ان کے کئی لوگ...... میں ابھی انہیں سنبھال کر آیا۔

آفتاب صاحب ایک ہاتھ سے اپنا سینہ پکڑے ہوئے بھاری بھاری قدموں سے تقریباً لڑکھڑاتے ہوئے اندر کی جانب روانہ ہوئے۔

سینے پر رکھے ہوئے ان کے دبلے پتلے ہاتھ کی انگلیوں کی رگیں اتنی تنی ہوئی تھیں جیسے ذرا بھی ڈھیلی اور غیر محتاط ہوئیں تو سینے سے دل باہر آ کر گر ے گا۔

''چلئے صاحب......! دن ڈھل چکا ہے......شام ہو رہی ہے......اس زمانے میں رات ہونے سے قبل گھر پہنچ جانا اچھا ہے۔''

خاں صاحب نے کہا اور لمبی لمبی سانس لیتے ہوئے باہر نکلنے کے لیے اٹھ کھڑے ہوئے۔

ڈوبتی ہوئی شام کے ساتھ دور ابھرتی ہوئی سرپٹ گھوڑوں کی ٹاپ تیزی سے نزدیک آتی جا رہی تھی۔گھوڑے کی ٹاپوں میں اس کے ہنہنانے کی ہیبت ناک آوازیں شامل تھیں۔

ان کے چہروں سے خوف ودہشت اور سراسیمگی جھلکنے لگی تھی۔

دسواں باب

اپنے گھر کی تلاش

ٹرین کسی ویران علاقے سے گذر رہی تھی۔کمپارٹمنٹ میں تل دھرنے کی جگہ نہیں تھی۔اس کا اسٹیشن قریب آرہا تھا۔

کسی نے اس کے اندر اس کے پھیپھڑوں کو بے دردی کے ساتھ اپنی گرفت میں لے لیا۔

''بدبخت تیرا کوئی اسٹیشن ہے......؟''

دباؤ بڑھتا گیا۔اس کی سانس اکھڑنے لگی۔آس پاس بیٹھے ہوئے مسافروں نے اسے حیرت و استعجاب سے دیکھا اور اس مغالطے میں مبتلا ہو گئے کہ اسے قلب کا دورہ پڑنے والا ہے۔اس نے دھیرے دھیرے اپنی سانسوں پر قابو پاتے ہوئے سوچا کہ سچ مچ اس کا اور اس کے جیسے کروڑوں لوگوں کا اس بھری پری دنیا میں کہیں کوئی اسٹیشن نہیں۔

پورے سفر میں دو افراد کے متعلق وہ شدت سے سوچتا رہا تھا۔ایک وہ جس سے اس کا خون کا رشتہ تھا......اس کا باپ......اور دوسرا وہ شخص جس سے کسی طرح کا کوئی رشتہ نہ ہوتے ہوئے بھی ایک عجیب سا نا معلوم تعلق تھا۔جس کے ادکھلے کھڑے ہونٹ کا ذائقہ اب بھی اس کی شریانوں میں سنسنی کی لہر دوڑا دیتا تھا اور جس کے سانولے سلونے وجود کے تصور کی گرمی بھی خود اس کے وجود کو موم کی طرح پگھلا کر رکھ دیتی تھی۔جس

کے ابھرے ہوئے گول تناور کولہے اس کے راتوں کی نیند اڑا دیتے تھے اور اس کے جسم میں چیونٹیاں رینگنے لگتی تھیں۔ یہ لوگ ملاقات ہونے پر کس طرح چونک جائیں گے۔ پہلے تو حواس باختہ ہو جائیں گے پھر جب ان کے اوسان بحال ہوں گے تو سوچیں گے کہ آن واحد میں انھیں فرط وانبساط کی کیسی بیش بہا دولت مل گئی۔

انہیں سرپرائز دینے کے خیال سے بغیر کسی اطلاع اور خبر کے وہ اس سفر پر روانہ ہو گیا تھا۔ گاڑی پلیٹ فارم پر رکی تو وہ اتر گیا۔ باہر گھُپ اندھیرا تھا۔ ہر شے پر ایک عجیب پُر اسراری گم شدگی کی کیفیت طاری تھی۔ اس نے ایک راہ گیر سے بغیر کسی ارادے کے پوچھ دیا۔

''کیوں بھئی......لائٹ کب سے آف ہے؟''

''کیا کہا جائے بابو جی...... جب سے بڑے شہر میں بجلی کی سپلائی بڑھ گئی ہے، یہاں کا کوٹا کاٹ دیا گیا ہے۔ بہت دیر کے لئے روشنی غائب رہتی ہے...... اور آس پاس جو گاؤں ہیں، ان کا تو حال پوچھو ہی مت...... بجلی کے کھمبے ہوتے ہوئے بھی سب ایک کرن کو ترستے ہیں...... کہیں کوئی پیداواری ہی نہیں ہوئی......!''

بڑے شہروں کو سڑی ہوئی گالیاں دیتے ہوئے اس نے قدم بڑھائے۔ رات زیادہ نہیں ہوئی تھی لیکن دبیز تاریکی کی وجہ سے ڈھلی ہوئی رات کا گمان ہوتا تھا۔ پلیٹ فارم کے باہر رکشے قطار میں کھڑے تھے۔ سب کے سب اپنی طرف توجہ کھینچنے کے لئے طرح طرح سے اپنے اپنے رکشوں کی گھنٹیاں بجا رہے تھے۔ اور منہ سے مختلف سروں کی آوازیں نکال رہے تھے۔ اچانک پورا ماحول ان کے شور سے متحرک ہو گیا تھا۔ اسے لگا کہ کوئی پرندہ عرصۂ دراز کے بعد صعوبتوں بھرے سفر سے نجات حاصل کر کے اپنے گھونسلے کے قریب پہنچ گیا ہے۔ وہ خود کو بہت ہلکا ہلکا محسوس کر رہا تھا۔ اس نے ایک زوردار انگڑائی لی اور تکان کی گرد کو اپنے وجود سے جھاڑ دیا۔ قلی نے ایک رکشے پر اس کا سامان رکھا، رکشے والے نے اندھیرے میں اسے گھور کر دیکھا۔ اس کی آنکھیں انگاروں کی طرح جل رہی تھیں۔ زیادہ دیر وہ ان کی آنکھوں کی تاب نہ لا سکا اور سیٹ میں دھنس گیا۔

''کہاں چلنا ہے بابو جی؟''

''بس چلنا ہے۔ باہر کا آدمی نہیں ہوں...... اسی مٹّی کا یہ جسم ہے...... چلو...... میں تمہیں راستہ بتاتا چلوں گا...... بس فی الحال سیدھ میں آگے بڑھتے چلو...... مگر جلدی جلدی نہیں...... دھیرے دھیرے ایک مدت کے بعد یہ سب دیکھنا مقدر ہوا ہے تو راستے کے سارے مناظر کو جذب کرنا چاہتا ہوں۔''

وہ راستے کی سمتوں کے متعلق ہدایتیں دیتا ہوا اطراف کے سارے نیم تاریک جلوؤں کو اپنے اندر سمیٹتا جا رہا تھا۔

دیکھتے ہو بد بخت...... سب کچھ بدل گیا ہے...... تم اپنے ٹھکانوں پر پہنچ بھی نہیں سکو گے...... مجھے تو

سب کچھ بہت اجنبی اور ڈراؤنا لگ رہا ہے۔ اب تک میں تمہیں ڈسٹرب کرر ہا تھا۔ اب تم میری جان کو آ رہے ہو۔"

اس نے اپنے اندر کے آدمی کی بکواس کی طرف دھیان نہیں دیا اور رکشا والے سے پوچھا۔

"بھائی رکشا والے یہ وہی شہر ہے نا؟"

"کون سا؟"

"وہی اپنا شہر!"

بڑی تیزی سے اس کے اندر کسی نے اپنے پلپلے ہاتھ بڑھاتے ہوئے پھر جیسے اس کے پھیپھڑے کو اپنی مٹھی میں لے لیا۔

"بدبخت تیرا کوئی شہر ہے؟"

اس کا چہرہ سرخ ہو گیا۔ جسم کا سارا خون چہرے پر سمٹ آیا۔ اس کی سانسیں تیز تیز چلنے لگیں۔ نقاہت کے عالم میں وہ رکشے کی سیٹ پر نیم دراز ہو گیا۔ اس کا پاؤں رکشا والے کے پاؤں سے ٹکرایا۔ اس نے گردن گھمائی۔

"بابو جی...... آپ کی طبیعت خراب معلوم ہوتی ہے...... آپ کہیں تو اسپتال کا رخ کروں؟"

وہ آنکھیں پھاڑے ہوئے بڑی بے بسی سے رکشے والے کو دیکھتا رہا۔ اسے جیسے سکتہ لگ گیا تھا۔ چاہتے ہوئے بھی منہ سے آواز نہیں نکل رہی تھی۔ رکشے والے نے رکشا روک دیا اور اتر کر اسے جھنجھوڑنے لگا۔

"بابو صاحب...... بابو صاحب......!"

"ہاں......!" کسی گہرے کنوئیں سے اس کی آواز ابھر رہی تھی۔"

"ٹھیک ہوں بھیا رکشے والے...... کبھی کبھی ایسا ہو جاتا ہے...... بات یہ ہے بھائی کہ میں صدمے برداشت نہیں کر پاتا...... اور میں کر بھی لوں...... لیکن وہ جو ایک کتّا میرے اندر بیٹھا ہے...... وہ حرامی پن سے باز نہیں آتا...... موقع ملتے ہی کچو کے لگاتا ہے......"

"کون کتا......؟"

"جانے دو بھائی...... جانے دو...... کوئی نہیں...... ایسے ہی وہ میرے لیے مصیبت بنا رہتا ہے...... کچھ بُرا لگ گیا تو جانے کیسے عذاب میں مبتلا کر دے گا..."

("میں تمہارے لیے...... یا تم میرے لیے مصیبت بنے ہوئے ہو...... مجھے کتّا سمجھنے والے کتّے)

رکشے والے نے رکشا چلاتے ہوئے گردن گھمائی۔

"آپ اکیلے ہیں بابو جی...... تو بات کس سے کر رہے ہیں......؟"

"بھائی رکشے والے...... تم پریشان نہ ہو...... میں بیمار آدمی ہوں...... میرے وجود میں کچھ

سانپ، کچھ کتّے اور کچھ خنزیر اپنا ڈیرا ڈالے ہوئے ہیں...... جب جب ان کا حملہ ہوتا ہے بڑ بڑانے لگتا ہوں۔'' رکشاوالے نے اسے بہت گھور کر دیکھا۔

''اب بتایئے بابو جی الٹے ہاتھ یا سیدھے ہاتھ؟''

''الٹے ہاتھ......!اس نے جواب دیا اور پھر اندر والے کی طرف سے دھیان ہٹاتا ہوا عہد گزشتہ کو یاد کرنے لگا۔اس کے ابّا کتنے ضدّی اور رجعت پسند ہیں۔ ہوم سکنس سے پیچھا نہیں چھڑا سکتے۔اس نے اتنا کہا کہ وہ تو اپنی تمام ذمہ داریوں سے سبکدوش ہو چکے ہیں، اسی کے ساتھ چل کر رہیں، لیکن وہ مانتے ہی نہیں۔ اپنی زمین، اپنی ڈیوڑھی چھوڑ کر جانا ہی نہیں چاہتے۔ بار بار سمجھانے پر بھی انہوں نے یہی کہا کہ وہ اپنی روایتوں سے کٹنا نہیں چاہتے۔ان کے مدفن میں ہی نئی زندگی کی کونپلیں پھوٹتی ہیں اور جو اپنی جڑوں سے کٹ جاتے ہیں ،وہ پروان نہیں چڑھتے......اب انہیں کیسے سمجھایا جائے کہ روایتیں زمین میں نہیں بلکہ دل ودماغ اور رُوح میں اگتی ہیں....سینہ بہ سینہ سفر کرتی ہیں......گھر اور جائیداد روایتوں کا مدفن ہی نہیں، نئی روایتوں کا مذبح بھی ہیں۔

جس دن یہ باتیں اس نے کھل کر کہیں، بابا نے اس سے ناطہ توڑ لیا۔

''بدخلف...... مجھے پڑھاتا ہے...... جاہل......''

''اب کدھر چلوں بابو جی......؟''

اس کا دھیان بٹ گیا۔

''بس......بس......ذرا دھیرے کرو......رکو......یہیں اترنا ہے۔''

حیرت سے اس نے ادھر اُدھر دیکھا کافی غور کرنے کے بعد اسے احساس ہوا کہ وہ غلط جگہ پر آ گیا ہے۔ جہاں پر بابا کا گھر سمجھ کر اس نے رکشا رکوایا تھا، وہاں تو دور دور تک چٹیل میدان تھا۔اس سے ضرور کوئی غلطی ہو گئی تھی۔ گھر پہنچنے کی مسرت پر قابو نہ پاتے ہوئے وہ اپنا محلّہ آتے ہی ہڑ بڑا کر رکشہ سے اتر گیا تھا۔لیکن اب اسے احساس ہوا کہ راستوں اور سمتوں کے متعلق رکشے والے کو ہدایت دیتے ہوئے اس سے سہو ہو گیا ہے۔وہ رکشے پر بیٹھ گیا۔

''یار رکشے والے......گاڑی گھمالو...... بھائی اتنے زمانے کے بعد اپنے علاقے میں آیا ہوں...... پھر روشنی بھی نہیں ہے۔اندھیرے میں راستے کا مجھے صحیح اندازہ نہ ہوا۔اب چلو، پوری احتیاط سے ہدایت دوں گا۔''

''بابو جی آپ محلّے کا نام تو بتایئے!''

''یار نام میں کیا رکھا ہے......میں تو ساتھ ہوں......اس سے زیادہ شرم کی بات کیا ہوگی کہ باپ دادا کی حویلی تک میں خود اپنی رہنمائی نہ کر سکوں ...... ہاں رکشا کو سیدھے ہاتھ موڑ لو......اب الٹے......اب سیدھے......پھر دیکھو......آگے جو چوراہا ہے۔اس سے نکلتی ہوئی سب سے پتلی شاہراہ کی طرف......''

اس باراس نے بالکل نئے راستوں سے رکشے والے کی رہنمائی کی۔ اندھیرے میں منزل مقصود پر پہنچتے ہی جھٹکے کے ساتھ رکشے سے اترا تو دیکھا کہ اس کے مطلوبہ علاقے کی جگہ چٹیل میدان تھا۔

''اف ف پھر غلطی ہوگئی......رکشا گھماؤ بھائی......''

اس نے پھر راستے بدلے۔ تاریکی میں اس بار دوسرے راستوں کا انتخاب کرتے ہوئے آگے بڑھا اوراس بار بھی سفر نے اسی چٹیل میدان پر دم توڑا۔ جھنجھلاتے ہوئے چوتھی مرتبہ وہ پھر نئے راستوں سے آگے بڑھا اور پھر وہی چٹیل میدان۔ اس نے سوچا ضرور کوئی گڑ بڑ ہے، لیکن اس کے علاقے کے سامنے اور اڑوس پڑوس کے جو علاقے تھے، وہ تو اپنی جگہ پر قائم تھے اوراس کے علاقے کی پہچان اور حوالہ بن رہے تھے۔ صرف اس کا علاقہ......اس کا گھر اپنی جگہ سے غائب تھا۔

وہ سامنے ہی رام انکل کا مکان ہے......اس طرف گیتا چاچی ہیں......ادھر شنکر چاچا......سبھوں کے مکان تو اپنی اصلی حالت میں موجود ہیں......اس کے اندر جذبوں کا ابال برداشت سے باہر ہو رہا تھا......جی چاہا کہ جا کر رام انکل کے سینے سے لپٹ جائے......گیتا چاچی کو سلام کر کے آشیرواد لے......کتنا خوش ہوں گی وہ مجھے دیکھ کر......اور شکنتلا تو اب کافی بڑی ہوگئی ہوگی۔ شاید شادی کر کے سسرال جا بسی ہو...... اس زمانے میں زیر لب شرمائی شرمائی یوں مسکراتی تھی جیسے جوانی کے سربستہ رازوں کے متعلق سب کچھ سمجھتی ہو......اب تو بال بچوں والی ہوگئی ہوگی......ممکن ہے اب تک شادی نہ ہوئی ہو۔ چلوں انھی لوگوں سے پوچھ لوں......میرا گھر کہاں ہے......؟ نا......شہر میں مکانوں کی بھیڑ میں ان کی انفرادی شناخت مشکل ہے۔ بھلا ہمدرد پڑوسیوں کے گھروں کے سلامت ہوتے ہوئے اپنا گھر کہاں غائب ہوسکتا ہے؟ میں بھول کر رہا ہوں......اندھیرے میں میرا حافظہ میرا ساتھ نہیں دے پا رہا ہے......اندھیرے میں......ہر طرف اندھیرا ہی تو ہے......گہرا اندھیرا......اسی اندھیرے سے کسی انجان لمحے میں ہم برآمد ہوئے تھے......اسی اندھیرے میں ہم سب کو گم بھی ہو جانا ہے......رام انکل، گیتا چاچی، شنکر چاچا، شکنتلا، بابا، یہ رکشاوالا......سب کے سب اندھیرے کی خوراک بن جائیں گے۔

''بابو جی......آپ کہاں کھو گئے؟''

''ہاں......!'' وہ چونکا۔

''میں اپنے گھر کے جغرافیہ پر غور کر رہا تھا کہ کہیں سے اس کا صحیح سراغ ملے۔''

اس نے ان گنت راستے بدلے اور ہر بار اس تاریکی میں چٹیل سنگلاخ میدان کی نحوست سے دوچار ہوا۔ اس نے سوچا، کیا اس شہر کے سارے راستے اسی چٹیل میدان تک پہنچتے ہیں......میرا گھر اور میرا علاقہ آخر کہاں ہے......؟''

اس کے اندر پھر کلبلاہٹ ہوئی اور کسی نے پھر اس کے پھیپھڑے پر دباؤ تیز کر دیا۔
بدبخت تیرا گھر اور تیرا علاقہ ہے......؟''
اسے جیسے سکتہ لگ گیا۔ چہرہ سرخ ہو گیا۔ رکشے والے نے اسے جھنجھوڑا تو اس کا سکوت ٹوٹا۔
سچ مچ میرا کوئی گھر اور میرا کوئی علاقہ کہاں ہے......؟''
''اس بار مسجد والے راستے سے چلو......!''
نتیجہ پھر وہی چٹیل میدان۔ مندر والا راستہ بھی چٹیل میدان ہی تک پہنچا۔ یہاں تک کہ چرچ اور گورودوارے کے راستے بھی اسے چٹیل میدان کے علاوہ اور کہیں نہیں پہنچا سکے۔
اس نے محسوس کیا کہ رکشے والے نے اچانک رکشے کی رفتار تیز کر دی ہے اور بار بار پیچھے مڑ کر دیکھ رہا ہے۔
''کیوں کیا ہوا رکشے والے؟''
رکشا والا اس کے سوال سے بے خبر اندھا دھند رکشا چلائے جا رہا تھا اور بار بار پیچھے مڑ کر دیکھا رہا تھا۔
''تم اتنا تیز کیوں چل رہے ہو رکشے والے اور پیچھے مڑ کر کیوں دیکھ رہے ہو؟''
اس نے رکشے والے کی پیٹھ پر ہاتھ رکھ دیا۔ رکشے والے نے جھٹکے سے بریک لیا اور خوف زدہ آنکھوں سے پیچھے کی طرف دیکھنے لگا۔
''کیا بات ہے رکشے والے؟'' اس نے بڑی ہمدردی کے لہجے میں کہا۔ حالاں کہ اس کی سراسیمگی کو دیکھ کر وہ خود بھی خوف میں مبتلا ہو گیا تھا۔
''نہیں معلوم کیوں بابو جی......کبھی کبھی مجھے ایسا لگتا ہے کہ ان گنت بھاری بھرکم بوٹ گھوڑوں کے ٹاپوں کی طرح سرپٹ دوڑتے ہوئے میرے رکشے کا پیچھا کر رہے ہیں...... مجھے روندنے کے لیے میرے تعاقب میں ہیں......''
''نہیں......نہیں...... یہ تمہارا وہم ہے...... یہاں سے وہاں تک پوری سڑک پر سناٹا بھائیں بھائیں کر رہا ہے......لگاتار رکشا چلاتے رہنے کی وجہ سے تمہیں ایسا گمان ہو رہا ہے......''
''ہو سکتا ہے بابو جی......ہو سکتا ہے......رکشا والا پسینہ پونچھنے لگا۔ اتنی طویل مسافت اور اس کی پراگندہ باتوں سے رکشا والا اوب چکا تھا۔ اس نے کہا کہ اب اس میں آگے بڑھنے کی طاقت نہیں ہے۔ بھاری بھرکم بوٹ اور سرکش گھوڑوں کی ٹاپ اس کے تعاقب میں ہیں اور بہتر ہو اگر وہ اس کی اجرت ادا کر کے اسے چھٹکارا دے۔
''تم تھکے نہیں ہو...... ڈر گئے ہو...... میں بھی دیکھوں کدھر سے آتی ہے وہ بوٹوں کی چاپ

بدمست گھوڑوں کی سرپٹ ٹاپ......''

اس نے رکشے والے کوسیٹ پر بیٹھا دیا اور خود اگلی سیٹ پر سوار ہو کر رکشا چلانے لگا۔ نت نئے راستوں سے ہوتا ہوا اس بار بھی وہ اسی چٹیل میدان کے نزدیک پہنچا۔ اس نے پیچھے مڑ کر دیکھا رکشے والا سسکتا ہوا زار وقطار رو رہا تھا۔

''رکشے والےتم رو کیوں رہے ہو؟''

وہ اس کی بغل میں آ کر بیٹھ گیا۔ رکشا والا اور زور زور سے رونے لگا۔ روتے ہوئے بڑی مشکلوں سے وہ بس اتنا کہہ سکا۔

''تم جس علاقے، جس بستی کو ڈھونڈ رہے ہو، اسے عرصہ پہلے بلڈوزروں نے چٹیل میدان میں تبدیل کر دیا...... میں بھی ہفتوں اسی طرح پورے شہر میں دیوانہ وار پاگلوں کی طرح چکّر کاٹتا ہوا بار بار اسی چٹیل میدان تک پہنچتا تھا...... بلڈوزروں نے سب کچھ اجاڑ دیا...... بھری پُری بستی کو ملبے میں تبدیل کیا اور پھر چٹیل میدان بنا دیا...... میری دکان، میرا گھر اور تمام اہل وعیال زندہ درگور ہو گئے۔ بیٹے! میں نے تو صبر کر لیا تھا لیکن آج بار بار اس چٹیل میدان کو دیکھ کر پُرانے زخم ہرے ہو گئے...... بابو جی بابو جی...... تم سن رہے ہو؟''

اس بار رکشے والے کے بار بار جھنجھوڑنے پر بھی بابو جی کا سکوت نہیں ٹوٹا۔

دُور آسمان میں ایک چھوٹا سا طائر اپنی پوری طاقت سے اپنے گھونسلے کی طرف پرواز کر رہا تھا۔

گیارھواں باب

تگ ودو

عموماً مردہ جسم ٹھنڈا ہوتا ہے۔ اس کی بیوی کی گود میں ایک گرم لاش تھی۔ ایک سو چھ بخار میں پھنکتے ہوئے اس کے بچے کی آنکھیں نقاہت کے بوجھ سے بند تھیں۔ وہ دھیرے دھیرے سسکیاں لیتی جا رہی تھی۔ اس نے متنبہ کیا۔

''بھولے سے بھی آنسو مت گرانا۔ بچہ جس طرح بخار میں تپ رہا ہے، چھن کی آواز کے ساتھ آنسو بھاپ بن کر اڑ جائیں گے اور بچے کے جسم پر آبلے چھوڑ جائیں گے۔''

کتنی منّت مرادوں کے بعد یہ لڑکا پیدا ہوا تھا اور اس زہریلی فضا میں اغیار کے علاقے کی طرف بچے کو لے جاتے ہوئے اسے حضرت ابراہیم علیہ السلام شدت سے یاد آئے۔ حضرت کا بیٹا صحت مند تھا اور وہ اسے خدا کی راہ میں قربان کرنے جا رہے تھے۔ اس کا بیٹا قریب المرگ تھا اور اسے بچانے کی آخری کوشش اسے دشمنوں کے علاقے کے جبڑے میں پہنچانے پر مجبور کر رہی تھی۔ زندہ سلامت بچ گیا تو رب کی

مہربانی، ورنہ مشیت ایزدی میں کس کو دخل تھا؟

پرانے اور نئے شہر کو جوڑنے والے اوور برج کی اٹھان اور ڈھلان سے ہوتے ہوئے اور پھر اوبڑ کھابڑ علاقے سے گذرتے ہوئے اس کا رکشہ بالآخر ہنومان چلڈرنس کلینک تک پہنچ چکا تھا۔

سنگل کے بجائے اس نے چار بیڈ والا کمرہ لیا۔ اس کے پاس پیسے کم تھے اور ذرائع بھی محدود۔ وہ ہاتھ روک کر چلنا چاہ رہا تھا۔ اتنا کچھ بھی اس کے ساڑھواور ڈیڑھ سس کی مہربانی سے ہو رہا تھا۔

''کمینے......ذلیل......کم اوقات......''

اس نے پاؤں کی طرف سے گزرتے ہوئے کاکروچ کو جو اس کے بیٹے کی جانب بڑھ رہا تھا، اپنے بوسیدہ جوتے کے نیچے مسل دیا۔

شام اچھی طرح بھیگ چکی تھی۔

چھریرے بدن والا جونیئر ڈاکٹر حال چال پوچھ چکا تھا اور بڑے ڈاکٹر کی تجویز کردہ ہدایتوں کے مطابق عمل درآمد کے لئے کمپاؤنڈر کو ہدایات دے رہا تھا۔

''ڈاکٹر صاحب! بخار کیسے اترے گا؟'' اس نے نرم لہجے میں استفسار کیا۔

''کم ہو جائے گا جی کم ہو جائے گا۔ بس آپ لوگ تھوڑی دیر پر گیلے کپڑے سے بچے کا چہرہ اور بدن پونچھتے رہیے۔ جب بخار ایک سو ایک سے آگے بڑھے یہ گولی کھلا دیں۔'' جونیئر ڈاکٹر نے ایک دوا کی طرف اشارہ کیا پھر بولا:

دیکھئے صاحب!''

''جی؟'' وہ قریب کھسک آیا۔

''کسی کو بولیے گا نہیں۔'' ڈاکٹر نے آہستہ سے کہا۔'' میرا مشورہ ہے کہ بخار ڈاؤن کرنے کے لیے پانی کے پونچھے پر ہی زیادہ بھروسا کیجئے۔ اس گولی کا زیادہ استعمال آگے چل کر ہانی کارک سائڈ ایفکٹ پیدا کرسکتا ہے، یہاں تک کہ ہرٹ ٹرابل بھی پیدا کرسکتا ہے۔''

گولیوں کے پیکٹ کی طرف دیکھتے ہوئے اس کی آنکھوں میں خوف سما گیا، گویا وہ گولیاں نہ ہوں زہریلے کیڑے ہوں۔

کمپاؤنڈر نے گلوکوز چڑھانے کا انتظام کیا۔ بچّے کی نس میں سوئی چبھوئی جا رہی تھی تو اس کی ماں کی آنکھ سے آنسو نکل رہے تھے۔

''یا خدا...... تیرے حبیب کے صدقے...... ہم نے کیا گناہ کیا ہے جس کی پاداش......'' بیوی نے سرد آہ

بھری۔اس نے بیوی کے کندھے پر ہاتھ رکھا۔''یوں ہار جاؤ گی تو بڑی مشکل ہوگی...... بچہ تو قدرت کی امانت ہے۔''

''ہاں میرے مالک، کیا تیری قدرت ہے۔داتا کے تین گن۔دیا دیا نہ دیا اور دے کر بھی چھین لیا۔''

اسے لگا،اس کا سینہ چیر کر کوئی اس کے دل کو مٹھی میں لے کر نچوڑ رہا ہو۔اس حالت میں بھی اس کو غصہ آ گیا۔

''خبردار عامیانہ باتیں مت بولو۔دیا ہوگا تمہارے اللہ نے۔لیکن اس وقت ٹھیک اگر کوئی کر سکتا ہے تو وہ سائنس ہے۔خواہ مخواہ میرے حوصلے پست مت کرو، اپنی آہ وزاری سے ڈاکٹر اور دوسرے مریضوں کی حوصلہ شکنی سے باز آؤ۔''

جونیئر ڈاکٹر مسکرایا۔''بھائی بھگوان وگوان کو میں بھی نہیں مانتا۔ابھی دو ہزار روپے ماہوار کماتا ہوں،شاید یہ بھی ایک وجہ ہو۔لیکن نہیں......''اس نے سر کو جھٹکا دیا۔''میرا ذہن شروع سے اننے لی ٹی کل اور سائنٹیفک ہے،اور بھابی جی......''اس کی بیوی کو اس نے بڑی اپنائیت سے مخاطب کیا۔

''آپ کا بچہ اگر بچے گا، اور یقیناً بچے گا،تو اس میں سائنس کی کرامت ہوگی۔ویسے سچ پوچھئے تو میری بیوی بھی مجھ سے بہت ناراض رہتی ہے۔کہتی ہے،'بھگوان کو نہیں مانتے اسی لیے تو دو ٹکے کے ڈاکٹر ہو۔اگر بھگوان جی سے ٹکّر نہ لی ہوتی تو آج کام کے ڈاکٹر ہوتے۔تمہارے آگے بھی مریضوں کا تانتا لگا ہوتا، یوں نہ ہوتا کہ میرے کان معمولی سونے کے بندے تک کو ترس رہے ہوتے اور بچّے پلاسٹک کے کھلونوں کو۔تمہارا بچپن ابھاؤ میں نہ گذرا ہوتا تو تمہاری یہ حالت نہ ہوتی۔میں اسے جھونپڑی دکھاتا ہوں جہاں پیپل کے پیڑ کی جڑ میں چینی اور پانی ڈالتی ہوئی عورتیں روزمرہ کی زندگی میں اکثر پیٹ بھر کھانے کو ترستی ہیں۔اور ہندوستان کے مزار اور پوجا استھلوں پر اللہ اور بھگوان کے نام کا جاپ کرتے ہوئے لوگوں کے بارے میں اسے بتاتا ہوں کہ وہ دو وقت کی روٹی جٹانے میں ہلکان ہو کر ساری عمر گنوا بیٹھتے ہیں۔ویسے کیا کیجئے گا۔''

جونیئر ڈاکٹر نے رک کر کھنکھارتے ہوئے گلا صاف کیا۔

''بڑے ڈاکٹر صاحب بڑے ہنومان بھکت ہیں۔یہ کلینک انھوں نے اپنی کمائی سے بنوایا ہے۔فارورڈ ہیں...... براہمن......کیا جَس ہے ان کے ہاتھوں میں۔بیماری دیکھتے ہی دیکھتے چھومنتر ہو جاتی ہے۔لکشمی دیوی ان پر بہت مہربان ہیں۔پیسوں کی ورشا ہو رہی ہے۔میرے پاس بھی وہی ڈگری ہے۔اسی کالج میں میں نے بھی پڑھا ہے۔مارکس بھی میرے ہی زیادہ تھے۔لیکن میری یہ حالت ہے کہ ان کے اس ہاسپٹل میں دو ہزار روپے پر ملازمت کرنے پر مجبور ہوں۔اور میں ہی نہیں کئی اور میری ہی طرح کے ہیں۔میری شفٹ آٹھ گھنٹے کی ہے، پھر کوئی اور آئے گا۔وہ بھی بہت اچھا آدمی ہے۔بس بھائی ہم لوگوں کا فیملی بیک گراؤنڈ بڑا بیک ورڈ اور...... خیر چھوڑیئے ان بیک ورڈ اور فارورڈ کی باتوں کو۔بابا امبیڈکر

امر ہیں...... جیتے جی فارورڈ کو مار دیا جس کی وجہ سے فارورڈ کے دل میں بیک ورڈ کے لیے نفرت بھر گئی ہے۔ مجھے تو پرافٹ محمد، اشفاق اللہ اور رام منوہر لوہیا کا راستہ زیادہ صحیح دکھائی دیتا ہے۔ آپ گھبرایئے بالکل نہیں۔ یہاں سے ڈسچارج سرٹیفکٹ اور ہنستا کھیلتا بچہ میں ہی آپ کو دوں گا۔ میرا وشواش کیجئے۔''

اس کی بیوی کے چہرے پر پھیکی مسکراہٹ رینگ گئی۔ صاف جھلکتا تھا کہ وہ محض دکھاوے کے طور پر مسکرا رہی ہے۔

جونیئر ڈاکٹر چلا گیا۔ اس کے بیٹے کے جسم میں قطرہ قطرہ پانی سرایت کرنے لگا۔ بغل میں پانی سے بھرا ہوا جگ اور کپڑے کا ٹکڑا رکھا پڑا تھا۔ تھرمامیٹر اس کی جیب میں تھا۔ بخار چڑھتے ہی پانی سے بھگے ہوئے کپڑے سے اس کا پورا جسم پونچھنا تھا۔ جونیئر ڈاکٹر نے امید ظاہر کی تھی کہ جسم میں پانی پہنچتے ہی بچے کے بدن میں طاقت آئے گی اور بخار ڈاؤن ہونا شروع ہو جائے گا۔ اب اس نے سوچا کہ رات کے کھانے اور چائے کا انتظام کیا جائے۔ اس کلینک کے قریب چند ڈھابے تھے، جو اسی کلینک کے بل بوتے چل رہے تھے۔ اس نے بیگ میں پڑا ہوا تھرمس نکالا اور نیچے کی طرف چل پڑا۔

جونیئر ڈاکٹر کی حوصلہ افزا باتوں سے اس کا اضطراب کچھ کم ہو گیا تھا۔ برآمدہ پار کرتے ہوئے سیڑھی کے پاس اس نے ہنومان جی کے بت کی طرف دھیان دیا۔ آتے وقت عجلت اور افراتفری کے سبب اس نے مورتی کو نظر انداز کر دیا تھا۔ ہنومان جی دونوں ہاتھوں سے اپنا سینہ شق کیے ہوئے تھے اور ان کے سینے کے اندر سیتا اور رام براجمان تھے۔

اس نے سوچا کاش ہنومان جی کے سینے کے اندر اسپتال کے بیڈ اور مریض کے اسکلپچر بنے ہوئے ہوتے تو اسپتال کی مناسبت سے اس کی معنی خیزی دو چند ہو سکتی تھی۔ لیکن ہو بہ ہو لیجنڈ کو روایتی انداز میں پیش کرنا کون سی دانشوری تھی۔ اور تعجب کی بات یہ تھی کہ ہنومان جی کی پیشانی پر تازہ تازہ سیندور لگا ہوا تھا یعنی عقیدت مندوں کی کمی نہ تھی اور لوگوں کو فیض پہنچ رہا تھا۔

اسے یاد آیا۔ ہائی کورٹ کے پہلو میں بابا سید صفدر شاہ شہید رحمۃ اللہ علیہ کے مزار پر کتنی بھیڑ رہا کرتی تھی۔ وہ بدعتوں کو نہیں مانتا تھا، ایک روز اتفاق سے اس کے پاس ٹمپو کے بھاڑے کے لیے پیسے نہیں تھے تو وہ پیدل ہی اپنے گھر کی طرف روانہ ہو گیا۔ راستے میں انجانے طور پر اس کے مزار کی جانب اٹھ گئے۔ جہاں تک اس کا خیال جاتا تھا، اس میں اس کے شعوری عمل اور فیصلے کو کوئی دخل نہیں تھا۔ معلوم ہوتا تھا کہ کسی نے کانوں میں سرگوشی کی ہو اور پاؤں کو مزار کی طرف چلنے کی ہدایت کی ہو۔ پھر اسے اپنے ہی پاؤں بے گانہ محسوس ہوئے۔ اس کے اختیار اور قابو سے باہر۔ کم بختو، ایسی دغابازی۔ ساری زندگی کے اصول پر پانی پھیرنے پر مصر ہو گئے۔

بعد عصر کا وقت تھا۔ ہلکی ہلکی ہوائیں چل رہی تھیں۔ اس نے دیکھا، واقعی کیا عالیشان مقبرہ بنا ہوا تھا۔ صاف ستھرا، چم چم کرتا۔ تقدس اور پاکیزگی کی کرنیں پھوٹ رہی تھیں۔ نگاہ کا ایک جگہ ٹھہرنا مشکل تھا۔

کمر باندھے ہوئے چلنے کو یاں سب یار بیٹھے ہیں   بہت آگے گئے باقی جو ہیں تیار بیٹھے ہیں
نہ چھیڑ اے نکہت باد بہاری راہ لگ اپنی   تجھے اٹھکیلیاں سوجھی ہیں ہم بیزار بیٹھے ہیں

انشا کے مصرعے یاد آئے اور وہ آبدیدہ ہو گیا۔ مزار کے دونوں طرف دریچے اور جھروکے، خوش نما نقش ونگار والے جالی دار جنگلے۔ آستانے کے باہر اس نے اپنے بوسیدہ جوتے اتارے اور دھیمے قدموں سے آگے بڑھا۔ اس کے جسم پر رعشہ طاری تھا۔ کچھ مدہوشی کی سی کیفیت میں وہ مزار کے پائیں قدم بوس ہو گیا۔ اس کے پورے وجود پر وجد کی کیفیت طاری ہو رہی تھی۔ وہ ایک عالم ہو میں پہنچتا جا رہا تھا۔ نعتیہ قوالی گانے والا قوال جذب کی کیفیت میں گا رہا تھا۔

بھلا گردش چمن کی چین دیتی ہے کسے انشاؔ   غنیمت ہے کہ ہم صورت یہاں دو چار بیٹھے ہیں

چند عمر رسیدہ لوگوں کی آنکھوں سے آنسو رواں تھے۔ چند بوڑھے افراد مرغ بسمل کی طرح تڑپ رہے تھے اور آسمان کی طرف دیکھتے ہوئے آہ وزاریاں کر رہے تھے۔ چند ایسے بھی تھے جن پر سکتہ طاری تھا ...... کاٹو تو لہو نہیں بدن میں ...... ٹکر ٹکر نہیں دیکھنے کی طرح دیکھ رہے تھے، ان کی زندگی میں اب کچھ بھی نہیں رہا تھا ...... ہائے نامراد ...... سب کچھ اکارت چلا گیا۔

دوزانو بیٹھے بیٹھے ایک عرصہ بیت گیا۔ دل میں اندر ہی اندر عجیب تلاطم برپا تھا۔ وہ ایک نئی بے خبری کی پراسرار منزلوں کی طرف گامزن تھا کہ کسی ملنگ کی چیخ سے اس کی محویت کا شیرازہ بکھر گیا۔ چند لمحوں بعد اس کے اندر کا مارکسسٹ باہر نکل آیا اور اسے ٹھوکے لگانے لگا۔

آخر تم بھی! کہاں گئی وہ مارکسی جدلیاتی قوت؟

چند ساعتیں قبل اس راحت اور یک گونہ سکون کا احساس ہوا تھا۔ اس نے مارکسسٹ کی سنی ان سنی کرتے ہوئے دل ہی دل میں فاتحہ پڑھنا شروع کیا۔ زبان ابھی اس کے قابو سے باہر تھی اور دماغ ...... اس کی نئے سرے سے واشنگ ہو رہی تھی۔ ہائے اس کا اپنا ذہن بھی اس کے بس میں نہیں تھا۔ اسے کیا ہو رہا تھا؟ وہ متحیر تھا کہ مارکسزم سے متعلق ہندی اور انگریزی اصطلاحوں کے جنگل میں مدتوں گم رہنے کے باوجود قرآن کی کئی آیتیں وہ اب تک بھولا نہ تھا۔ لیکن پوری پوری سورتیں اسے اب یاد نہ تھیں، چاروں قل بھی اسے ٹھیک سے یاد نہیں تھے۔ سورہ اخلاص کو جوں توں ذہن میں تازہ کر کے اور اسے کئی بار پڑھ کر اس نے کمی کا ازالہ کیا۔

فَبِاَیِّ اٰلآءِ رَبِّکُمَا تُکَذِّبٰنِ

اسلام میں لچک بہت ہے مختلف مسلکوں کے بعض کٹر نام نہاد مولویوں کی بات الگ ہے۔ چشم زدن میں اسے پھر آگہی حاصل ہوئی ۔ مارکسزم اور اس کے انقلابی اصول تو ٹھیک ٹھاک تھے ، بلکہ بہتر تھے۔ لیکن بہتیرے مارکسسٹوں کے انداز، خصوصاً ایلیٹ مارکسسٹوں کے ...اس نے یاد کیا روزہ دار لوگ غیر روزہ داروں کو کتنی حقارت سے دیکھتے تھے اور انقلاب پسند لوگ ان دنوں کس طرح سرمایہ داروں سے دوست داری میں منہمک تھے۔

اس نے مزید یاد کیا سردار جعفری جیسا انقلاب پسند ادیب گیان پیٹھ ایوارڈ حاصل کرنے کے بعد تقریر میں ارباب اقتدار کو عزت مآب کے خطاب سے مخاطب کرر ہا تھا تو شرم سے اس کی نگاہیں زمین میں گڑ گئی تھیں اور اسے کلام حیدری ، باقر مہدی، وارث علوی، قمر رئیس وغیرہ جیسے ترقی پسند ادبی انقلابی اس دور سوداگری میں فرشتوں کی صورت قابل احترام شخصیتیں دکھائی دئے تھے۔

اس نے دیکھا مسلمانوں سے زیادہ ہندو اس مزار پر چادریں چڑھا رہے تھے اور ماتھے ٹیک رہے تھے۔ کئی ہندو صاحبان تو تعظیم اور تقدس کے بوجھ سے اس قدر بوجھل تھے کہ مزار کی چوکھٹ کو بوسہ دیتے ہوئے واپس جاتے ہوئے الٹے پاؤں چل رہے تھے کئی اور لوگ دروازے سے ملحق سیڑھیوں کو دیوانہ وار چوم رہے تھے۔ کئی کی آنکھوں سے آنسو رواں تھے۔

اسے وہی ملنگ مل گیا۔ جلتی ہوئی سرخ آنکھوں سے چنگاریاں پھلجھڑیوں کی طرح جھڑ رہی تھیں۔ سر کے بال بکھیرے ہوئے، اسے گھورتے ہوئے وہ چلّایا۔

''تو انتقام کی آگ میں جل رہا ہے! چھاجوں برستے غسل میں ہی تری نجات ہے۔ ہم ملنگ لوگ...... ہم جانتے ہیں کہ نماز روزے میں کچھ نہیں رکھا۔ دکھاوے کی زندگی سے راہ فرار اختیار کر۔ جسم پر زندگی کی بھبھوت مل اور شان استغنا سے جی۔ یا غوث پاک...... یا صفدر شاہ......! دے چھپّر پھاڑ کے ......تر رر ہو...... اللہ ہو! حق...... حق!''

ملنگ نے پھر ایک چیخ ماری۔ ملنگ کی ہاو ہو سنتے نہ سنتے ہوئے اس نے ڈھابے کی طرف قدم بڑھائے۔ وہاں پہنچ کر اپنے لیے خالص دودھ کی چائے کا آرڈر دیا اور ہوٹل کے لڑکے کو کلینک کا بیڈ نمبر بتاتے ہوئے گرما گرم چائے اور بسکٹ وہاں بھجوانے کے لئے کہا۔ آج کی رات آنکھوں میں کاٹنی ہوگی۔ ہر تھوڑی دیر پر بخار دیکھ کر اندازہ کرنا پڑے گا کہ ایک سو ایک ڈگری سے آگے تو نہیں بڑھا۔ مزید برآں یہ بھی دھیان رکھنا ہوگا کہ دوا ملا ہوا پانی اس کے بیٹے کے جسم میں مقررہ رفتار سے قطرہ قطرہ سرایت کرتا رہے۔ ساتھ ہی اس بات کا خیال رکھنا ہوگا، بلکہ رات بھر بچے کے ہاتھ کو پکڑے بیٹھے رہنا پڑے گا، کہ وہ نیند میں ہاتھ کو جھٹک نہ دے اور پانی جانے کے لیے اس کی نس میں چبھوئی گئی ڈرپ جگہ سے بے جگہ نہ ہو جائے۔ اگر کچھ تشویشناک صورت حال پیدا

ہوتواس کے لئے اسے ہدایت کردی گئی تھی کہ بے تامل ڈیوٹی پرموجودڈاکٹر سے رجوع کرے۔
پتہ نہیں اگلی شفٹ میں آنے والا ڈاکٹر کیسا ہوگا ؟ اس جونیئر ڈاکٹر کی طرح تعاون کرے گا یا نہیں؟ اس نے رات بھر جاگنے کا انتظام کرنے کے لیے ڈھابے والے کو چار پیالی چائے تھرمس میں ڈھالنے کی ہدایت کی اور خیالوں میں دوبارہ گم ہوگیا۔
مغل شہزادہ ہمایوں جاں بلب ہوا تو بابر نے اس کے جسم کا طواف کرتے ہوئے خداوند قدوس سے اس کی بیماری کی منتقلی کی دعا کی۔ یارب میرے بیٹے کی بیماری مجھے لگ جائے،اس کی آئی مجھے آجائے۔ بیٹے کی بیماری کی تقلیب ہوگئی۔ ہمایوں صحت یاب ہونے لگا اور مغل بادشاہ بابر عارضے میں مبتلا ہوگیا۔ پھر کیا مجھے بھی اپنے بیٹے کی گرد چکر کاٹنے پڑیں گے او......؟ لیکن میں تو اس طرح کی فضول توہماتی فرسودہ باتوں میں یقین نہیں کرتا؟
جب سے اس کے قدموں کو بابا صفدر شاہ کے مقبرے کالمس حاصل ہوا تھا، وہ اپنے موقف میں متزلزل ہوگیا تھا۔ توہم پرستی سے بھرے ہوئے دقیانوسی خیالات اسے بھی چھونے لگے تھے۔ اس کا دل چاہا کہ وہ راستے کی دھول کی طرح ان خیالات کو جھاڑ دے، پاک وصاف ہوجائے۔ لیکن ''پاک صاف'' تو مذہبی اصطلاحیں ہیں؟ مجھے ان سے کیا مطلب؟ ناگاہ اس نے اندھیرے میں چمکتی ہوئی دوآنکھیں اپنی جانب گھورتی ہوئی دیکھیں۔ کچھ ہی دیر بعد کوئی اس پر جھکا ہوا تھا۔
''کیسا ہے تیرا بیٹا؟''
وہی ادھیڑ عمر کا آدمی جو کئی مرتبہ اسے امداد کی پیش کش کر چکا تھا! اس کے رونگٹے کھڑے ہوگئے۔ یہ آدمی تھا یا بلا۔ کیا وہ مسلسل میرے تعاقب میں تھا یا کوئی فرشتہ جو میری اور میرے بچے کی نگہبانی پر مامور تھا۔ اس کے منہ کھولنے سے پہلے ہی وہ اجنبی بولا، گویا اس نے اس کے دل کا حال پڑھ لیا ہو:
''میں مستقل تیرے ساتھ ہوں۔ میں بھی وقت کا مارا ہوا ہوں۔ ان دنوں میں بالکل قلاش تھا۔ کسی حرامزادے نے میری مدد نہیں کی۔ ڈاکٹروں کو میرے اوپر رحم نہ آیا۔ مجھے جب بھی کسی اکلوتے بچے کے بیمار ہونے کی خبر مل جاتی ہے، میں اس کی مدد کے لیے نکل پڑتا ہوں۔ اپنی خدمات پیش کرتا ہوں۔ یہی میری زندگی کا مقصد ہے۔ رکھ لے میری طرف سے ہزار روپے۔''
اس نے جیب میں ہاتھ ڈالا پرس نکالا اور زبردستی اس کی جیب میں سچ مچ کے روپے رکھ دیئے۔ اسے یقین نہ آیا کہ اس آدم خور زمانے میں کوئی اتنا مہربان بھی ہوسکتا تھا۔
''چل آ، میں بھی تیرے ساتھ رات بھر جاگوں گا۔''
''نہیں، نہیں۔ آپ کیوں جاگیں، آپ کا اتنا ہی احسان کافی ہے۔ لیکن آپ اپنا پتہ تو بتایئے۔

جب بھی موقع ملا میں آپ کے پیسے واپس کر دوں گا۔''

''پتہ؟ ہم فقیروں کا پتہ کیا؟ لیکن......تو ایسے نہیں مانے گا۔ لے۔'' یہ کہہ کر ایک پرزے پر اس نے اپنا نام پتہ لکھا اور اس کی جیب میں رکھ دیا۔

اس نے کرم فرما کا شکریہ ادا کیا۔ چائے کی پیشکش کی۔

اس نیم روشن ڈھابے میں چائے پیتے ہوئے کرم فرما کی چمکتی ہوئی آنکھوں میں اسے انوکھی بے چینی دکھائی پڑی۔ اس کے چہرے پر کچھ بے ثباتی، ناپائیداری اور ناکارگیٔ ہستی کے احساسات اور اداسی کا شعور تھا۔ اس کا پورا وجود مایوسی کے سمندر میں ڈوبتی ابھرتی کشتی کی طرح ہچکولے کھا رہا تھا۔ وہ پاؤں پھیلائے ہوئے، چائے پیتے ہوئے آسمان کی طرف یوں دیکھ رہا تھا گویا چائے نہ پی رہا ہو آسمان کی طرف چائے کے چھینٹے اڑا رہا ہو۔ تو یہ شخص محض یوں ہی میرا ہمدرد بن گیا ہے، ورنہ اس کے پاس کوئی طاقت نہیں، کوئی چمتکار نہیں؟ میرا بچہ اس کے ٹھیک کیے نہ ٹھیک ہوگا؟

اجنبی محسن کے چہرے کی طرف دیکھتے ہوئے اس نے ایک اور بات نوٹ کی۔

اس کے چہرے اور جثّے سے اس کی عمر کا صحیح اندازہ نہیں ملتا تھا۔ چہرے کے متغیر رنگوں اور بنتے بگڑتے نقوش کی بنا پر کبھی وہ ادھیڑ عمر کا دکھائی دیتا، کبھی سن رسیدہ بوڑھا نظر آتا، اور کبھی ہٹا کٹا جوان۔ کبھی وہ خمیدہ ہو کر بیٹھتا، کبھی تن جاتا، اور کبھی نیم دراز ہونے کے انداز میں کہنیاں بنچ کی پشت پر ٹکا دیتا۔

ہوا میں خنکی بڑھتی جا رہی تھی۔ سواریوں کی آمدورفت کم ہو جانے کے باعث سناٹے کی دبازت میں اضافہ ہو گیا تھا۔ ڈھابے والے کو پیسے ادا کرنے کے بعد اس نے اپنے گمنام محسن کا ایک بار پھر شکریہ ادا کیا اور اسے گھر جا کر آرام کرنے کا مشورہ دیا۔ محسن نے جواباً بھرائی ہوئی سی آواز میں پھر کہا۔

''تو اپنا کام کر۔ میں اپنا کام کروں گا۔'' اس کے کہنے کا انداز کچھ ایسا سحر آمیز تھا کہ پیچھے مڑ کر دیکھے بغیر اس نے شفا خانے کی راہ لی۔ اجنبی کی آنکھ میں ایسی روشنی تھی کہ اسے لگا، پیچھے مڑ کر دیکھوں گا تو پتھر کے مجسمے میں تبدیل ہو کر رہ جاؤں گا۔ بچے کے بیڈ کے پاس سائڈ ٹیبل پر سامان رکھتے ہوئے اس نے دیکھا کہ چار پلنگ والے اس کمرے کے دوسرے پلنگ کی چادر تبدیل کی جا رہی تھی۔ کوئی نیا مریض آنے والا تھا۔

وارڈ بوائے سے دریافت کرنے پر معلوم ہوا کہ سینئر ڈاکٹر رات کے دس اور گیارہ بجے کے بیچ میں آتے ہیں۔ وہ پرانے شہر کے کلینک کے مریضوں کو نپٹانے کے بعد ہی نرسنگ ہوم میں راؤنڈ مارتے تھے۔

ڈرتے ڈرتے اس نے بچے کی پیشانی پر ہاتھ رکھا۔ بخار ایک سو تین ڈگری کے آس پاس رہا ہوگا۔ تھکی ہوئی بیوی کی طرف اچٹتی ہوئی نظر ڈال کر اس نے تھرمامیٹر بچے کی بغل میں لگا دیا۔ دو منٹ بعد

معلوم ہوا کہ واقعی اس کا اندازہ صحیح تھا۔

اس نے کپڑا پانی میں بھگو کر بچے کا بدن پونچھنا شروع کیا۔ پہلے ران سے تلووں تک پاؤں کو پونچھا۔اس کے بعد گردن سے لے کر سینے تک۔ پھر پورا چہرہ اور ہاتھ۔نیم غشی کی حالت میں کراہتے ہوئے بچے نے دھیرے سے آنکھیں کھولیں اور منہ بسورنے لگا۔ بچے کو بھیگے ہوئے کپڑے سے عجیب کراہیت کا احساس ہو رہا تھا۔ پانی کا پونچھا اسے بہت ناگوار گذر رہا تھا۔اسے اندیشہ ہوا کہ وہ اپنے سوئی چبھوئے ہوئے ہاتھ کو بھی جھٹک دے گا۔ بیوی کو اس نے ہاتھ پر دباؤ بنائے رکھنے کے لئے اشارہ کیا۔

تھوڑی دیر بعد کمپاؤنڈر داخل ہوا۔ بوتل سے قطرے قطرے ٹپکتے ہوئے پانی کی رفتار کا اس نے معائنہ کیا ۔جانے سے پہلے کہہ گیا کہ تقریباً چار گھنٹے میں یہ پورا پانی اور دوا بچے کے بدن میں پہنچے گی۔اس کے بعد دوسری بوتل چڑھائی جائے گی۔اس نے مزید کہا کہ کلینک کے باہر والی دکان سے مزید دوا اور گلوکوز کی بوتلیں احتیاطاً خرید لی جائیں۔

کمپاؤنڈر کی ہدایت پر عمل کیا گیا۔اس کلینک میں اس نے اپنے بچے کو بھرتی تو کرا دیا تھا لیکن اسے اب بھی عجیب وحشت ہو رہی تھی۔اب تک کوئی بھی شناسا یا اس کا ہم مذہب اس جگہ اسے نہ ملا تھا لیکن مرتا کیا نہ کرتا۔اسے تو حالات کی ستم گری کی چکی میں پسنا ہی تھا۔

لوٹتے ہوئے گیٹ مین سے اس نے دریافت کیا تو معلوم ہوا کہ نرسنگ ہوم کا آہنی پھاٹک نو بجے بند کر دیا جاتا ہے۔اسے اطمینان ہوا۔شہر کے حالیہ واقعات کے تناظر میں تخریب پر آمادہ کوئی ہجوم اگر اس طرف آنکلا تو براہ راست ان پر حملہ آور نہیں ہوسکتا۔

کچھ ہی دیر بعد اس کے ساڑھو اور ڈیڑھ سس ٹفن کیریئر میں ان کے لیے کھانا اور بستر لے کر آ گئے۔اس نے بتایا کہ جونیئر ڈاکٹر نے انھیں رات بھر جاگ کر مریض کی نگرانی کرنے کی تاکید کی تھی۔سونے کا سوال کہاں اٹھتا تھا۔ان لوگوں کے آنے سے تھوڑی دیر کے لیے چہل پہل ہوگئی۔ پھر سینئر ڈاکٹر بھی آ گیا۔

''ڈاکٹر صاحب بخار اترنے کا نام نہیں لیتا۔''اس کی بیوی نے بہت تشویش سے کہا۔

ڈاکٹر نے کچھ سوچتے ہوئے جواب دیا''دیکھئے میڈم،سیویئر وائرل انفکشن ہے۔ڈر ہے کہ اس کی وجہ سے انٹرک فیور نہ ہو جائے۔چوبیس گھنٹے سے پہلے نہیں اترے گا۔آپ کو دھیان بھی رکھنا ہے کہ بخار ایک سو ایک ڈگری سے اوپر نہ جائے۔آپ لوگ گھبرائیے نہیں۔اس بخار میں ایسا ہی ہوتا ہے۔ہم کل ملیں گے۔اس وقت تک بخار اتر چکا ہوگا۔''

ڈاکٹر نے مسکراتے ہوئے ان لوگوں کی طرف دیکھا اور ایک خاص انداز میں سر کو خم کرتے ہوئے باہر نکل گیا۔سالی کا اشارہ پاتے ہی اس کے ساڑھو بھی اس کے پیچھے ہو لیے۔

نہ معلوم اس کے ساتھ چلتے ہوئے ساڑھو نے دھیمے دھیمے کیا گفتگو کی۔ آنے پر انھوں نے بتایا کہ وہ ڈاکٹر سے پوچھ رہے تھے کہ کوئی گھبرانے کی بات تو نہیں تھی۔ کہیں ملیریا یا میعادی بخار تو نہیں تھا۔ ڈاکٹر نے ان کے اندیشے کی نفی کی۔ اب وہ اپنی سالی کی طرف مسکراتے ہوئے دیکھ رہے تھے۔

''تم تو خواہ مخواہ گھبرائی ہوئی ہو۔ بچوں کی زندگی میں یہ سب لگا ہی رہتا ہے۔ ڈاکٹر نے بتا دیا ہے کہ تشویش کی کوئی بات نہیں۔''

روانہ ہونے سے پہلے ساڑھو اور ڈیڑھ سس نے کھانا کھا لینے کی ہدایت کی اور صبح صبح اسے ٹیلی فون پر سارا حال بتانے کو کہا۔ ان کو رخصت کرنے کے لئے وہ نیچے تک آیا۔ ان لوگوں کے جانے کے بعد سناٹا چھا گیا۔ اسے وحشت ہونے لگی۔

''اب بھگتئے جناب زندگی کی لعنتیں اس بیابان میں۔'' اس نے اپنے آپ سے کہا۔

وہ انہیں چھوڑنے کے لیے اسپتال سے کچھ فاصلے تک آ گیا تھا۔ واپس آیا تو گیٹ پر بڑا سا تالا لٹکا ہوا تھا۔ گیٹ مین کو پکار کر اس نے گیٹ کھلوایا۔ اندر آنے کے بعد مڑ کر دیکھ لیا کہ گیٹ مین پھر تالا لگا رہا ہے یا نہیں۔

بارھواں باب

جھینگر کی آواز اور دلربا

رات بھر دونوں میاں بیوی جاگتے رہے۔ بیچ بیچ میں بچے کا ہاتھ پکڑے پکڑے اسے نیند آنے لگتی تو بیوی اسے ٹھوکا دیتی۔ اس کی بیوی نے نیچے فرش پر بستر بچھا لیا تھا اور بدن کو ڈھیلا کرتے ہوئے نیم دراز ہو گئی تھی۔ بغل والے پلنگ پر مریض کے آ جانے سے یہ فائدہ ہوا تھا کہ ان کے ساتھ جاگنے والے افراد کی تعداد میں اضافہ ہو گیا تھا اور یہ ان لوگوں کی تقویت کا سبب بن گیا تھا۔

اس نے اپنے خشک گلے میں کچھ پھنستا ہوا محسوس کیا۔ دن بھر کی تکان کا اثر تھا شاید یا کچھ اور۔ بغل کے پلنگ پر پڑا ہوا بچہ بخار کی تپش میں کچھ بڑبڑاتا ہوا کچھ سسک رہا تھا۔ اس کی ماں جھک کر اس کی پیشانی پر بھیگے ہوئے کپڑے کی رکھی ہوئی پٹی بدل رہی تھی۔ ماں کے چہرے پر فکرمندی کی لکیریں ابھر آئی تھیں۔ اس کے باوجود کس کر لپیٹی ہوئی آسمانی رنگ کی ساری، اور تنگ سلیولیس اور بیک لیس بلاوز سے اس کا گدرایا ہوا جسم ابلا پڑ رہا تھا۔ مصیبت کے ان ناگوار لمحوں میں بھی وہ اس کے بدن کی جگمگاہٹ دیکھ کر مسحور اور مبہوت ہو کر رہ گیا۔

اس نے تعجب کیا کہ اتنی دیر تک اس قیامت خیز امر کی طرف سے وہ غافل کیسے تھا۔

سوگواری کے اس ماحول میں بھی اس کی تیز نگاہ بیوی نے اس کی رومانی آوارہ گردی کو بھانپ لیا۔ وہ سمجھ گئی کہ اس لمحۂ فکریہ میں بھی وہ ایک غیر محرم عورت کو لگاتار دیکھتے چلے جانے کی مردانگی میں مصروف ہے۔

شوہر کا دھیان بٹانے کے لئے اس نے بچّے کے ہلتے ہوئے ہاتھپر دباؤ دینے کے لئے اسے پھر ٹوک دیا۔
بچے کے ہاتھ پر دباؤ دیتے ہوئے اس نے جان بوجھ کر کرسی پر ایسا رخ اختیار کیا کہ کن انکھیوں سے اس دلربا کے کسے، گٹھیلے اور ابلتے ہوئے جسم کا عرق آنکھوں آنکھوں میں نچوڑتا رہے۔ بیوی اس کے عندیے کو سمجھ گئی۔ عام طور پر حاسد اور چہرے مہرے سے کمتر عورت ان معاملات میں بڑی ذی حس واقع ہوتی ہے۔اس نے شوہر سے کہا کہ آپ نیچے چلے آئیں، مجھے کرسی پر بیٹھنے دیں۔

اس نے محسوس کیا کہ بیوی کی اس ہدایت پر وہ خجل ہوگیا تھا۔ نیچے آتے ہوئے اپنے بوسیدہ جوتے کو اس عورت سے چھپانے میں اسے خاصی زحمت اٹھانی پڑی تھی۔ بستر پر نیم دراز ہوتے ہوئے اس نے پھر بھی ایسا رخ اختیار کیا کہ وہ قیامت خیز عورت اس کی نگاہوں کے دائرے میں رہے۔ بلکہ اب تو دیدار کی کچھ اور بھی آسانی حاصل ہوگئی تھی۔ نہ چاہتے ہوئے بھی بیوی نے اسے مزید سہولت فراہم کردی تھی۔

کچھ دیر بعد اس حقیقت کو محسوس کر کے بیوی بے کیف سی ہوگئی۔اس نے معنی خیز انداز میں اپنے شوہر کی طرف دیکھا اور پھر عورت کو تاکتے ہوئے افسردگی کے ساتھ آہ بھری۔

اس نے کن انکھیوں سے دیکھا کہ اس کی بیوی نے اس کی نگاہیں بچا کر اپنے ڈھیلے ڈھالے بدن کا جائزہ لیا اور اپنے ہاتھوں کو چپ چاپ بلاؤز کے اندر لے جا کر اپنے برا کو کسا، ڈھلتے ہوئے بدن کو کسی قدر درست کرتے ہوئے اس نے کچھ ضد کے سے عالم میں بچے کے اس ہاتھ پر دباؤ سخت کردیا جس کے ذریعے دوا اس کی شریانوں میں سرایت کررہی تھی۔ بیوی نے سر جھکا لیا۔فکرمندی میں ڈوبی اس کی آنکھوں میں سمٹی ہوئی کوئی بھولی بسری ندی باہر آنے کو بیتاب اور مضطرب دکھائی دے رہی تھی۔

سناٹا شاید کچھ بڑھ گیا تھا۔جھینگر کی پراسرار آوازیں گونج رہی تھیں۔اس ماحول میں اس پرکشش عورت کی موجودگی بڑی پرکشش اور سحر طراز معلوم ہورہی تھی۔اسپتال کے باہر چاروں طرف اندھیرا چھایا ہوا تھا شاید محلے میں کہیں اور بجلی نہیں آرہی تھی۔ وارڈ کے اندر ہلکے پاور کے بلب کی دھیمی روشنی میں کچھ اور بھی اچھی لیکن بے سہارا لگتی ہوئی عورت نے جھک کر اپنی کہنی اپنے بچے کے بستر کے سرہانے ٹکادی تھی۔ دباؤ سے اس کے بدن، کاص طور پر جوبن کا ابھار اور نمایاں ہوگیا تھا اور پلّو سے جھانکتے ہوئے بغل کے چمکیلے سیاہ بال مستقل دعوت نظارہ دیئے جارہے تھے۔اب اسے محسوس ہوا کہ کسی ہلکی مغربی پرفیوم کی بھینی بھینی خوشبو کمرے میں پھیل رہی ہے۔اس کے وجود کو اپنی گرفت میں لے رہی ہے۔

دوسرے لمحے اس کے تخیل نے اسے مادرزاد برہنہ کردیا۔

کچھ دیر میں وہ اس پُرکشش دلربا سے ہم آغوش تھا اور اسے پاگلوں کی طرح چوم رہا تھا۔اس کے

بغل کی بالوں کو چاٹ رہا تھا۔ اس کے جسم میں پھلجھڑیاں چھوٹ رہی تھیں اس نئی زندگی کے عالم میں عورت کی آنکھیں وفورِ لذّت سے بند تھیں دونوں کی سانسیں تیز چلنے لگیں دل کی دھڑکن بڑھ گئی۔ ہڑ ہڑ کرتا ہوا جھرنے کا پانی دریا میں گر رہا تھا اور دھوئیں میں تبدیل ہو رہا تھا۔

دلربا کے ساتھ ابھی وہ کچھ اور دست درازی کرتا، لیکن بیوی نے اسے ٹھوکا دیا۔ وہ چونک کر جاگا اور ہڑبڑا کر اٹھ بیٹھا۔ اس کی پھٹی پھٹی آنکھوں سے وحشت ہویدا ہوئی، لیکن وہ شرمندہ نہ تھا۔

بیوی نے خوفزدہ انداز میں کہا۔ ''دیکھئے بخار پھر بڑھ رہا ہے۔''

اس نے گھڑی پر نظر ڈالی۔ رات کا ایک بج رہا تھا۔

تخیل کی لذت کا نشہ ہرن ہو چکا تھا۔ بدن ٹوٹ رہا تھا۔ پاؤں اور ہاتھوں کی لرزش کے باوجود وہ تن کر کھڑا ہو گیا، بیوی کو دکھانے کیلئے ایک لمبی جمائی لی اور پانی سے کپڑے کی پٹّی کو تر کر کے بچّے کا بدن پونچھنے لگا۔ بخار دیکھنے کی ضرورت اس لئے پیش نہ آئی کہ بچّے کا بدن شدید بخار سے جل رہا تھا اور اس کے اندازے کے مطابق ایک سو چار ڈگری سے کسی حال میں بخار کم نہ تھا۔ بدن پونچھنے کے بعد بھی بخار نیچے نہ آیا تو اس نے بیوی سے مشورہ کر کے بخار اتارنے والی آدھی گولی پانی میں گھول کر بچے کو پلائی۔ بڑی مشکلوں سے روتے ہوئے بچے نے دوا حلق کے نیچے اتاری تھی۔

بچے کی ابتر حالت دیکھ کر وہ گھبراہٹ اور تشویش کی پرانی ذہنی حالت پر لوٹ آیا اور اب اس بلاخیز عورت کے تعلق سے اپنے ذہن میں دوڑتے ہوئے خیالات پر اسے ندامت کا احساس ہوا۔ اسے لگا جیسے اس نے اس دلربا سیم تن کی بیچارگی کا فائدہ اٹھا کر اس کا استحصال کیا ہو۔ اس کے باوجود اس کی آنکھوں میں تخیل اور خواب کی لذت کے سرخ ڈورے اب بھی تیر رہے تھے۔ اور اسے اپنے آپ پر حیرت نہ ہوئی تھی۔ ادھر ایک عرصے سے اس کے جسم کے مختلف عضو اور اس کا ذہن اس کے قابو سے باہر ہونے لگے تھے۔ سوچتا کچھ اور کرتا کچھ اور، ہاتھوں سے کچھ اور کام لینا چاہتا، وہ کچھ اور کام سرانجام دیتے۔ لمحہ لمحہ بھر کے توقف کے بعد اس نے یہ نتیجہ اخذ کیا کہ اس کے اعصاب کمزور پڑنے لگے ہیں۔ عمر کی ڈھلان پر انسان ایسی ہی بے بضاعتی میں گھر جاتا ہے۔

بچے کا بخار کم ہو گیا تھا۔

بیوی اب اپنے بچے پر کم اور اس پر نگاہ رکھنے میں زیادہ منہمک ہو گئی تھی۔

یوں ہی آنکھوں آنکھوں میں رات کٹ گئی۔ اس درمیان کتنی ہی بار بچے کا بخار سو سے اوپر چڑھا اور اسے دوا اور پونچھے کے زور سے سو پر لایا گیا کمال یہ تھا کہ بخار کسی بھی حالت میں سو سے نیچے کھسکنے کا نام ہی نہیں لے رہا تھا۔ اس کے بچے کے جسم میں دو بوتل گلوکوز اور دوائیں سرایت کر چکی تھیں۔

صبح بھی بخار کا وہی عالم تھا۔کم بخت گویا یہ کوئی بخار نہیں کڑا آسیب تھا جس نے اس کے بچے کو آلیا تھااور اب جان چھوڑنے کا نام نہیں لے رہا تھا۔

اچانک اسے ایسا لگا کہ اس فلک بوس عمارت کو چاروں طرف سے سرپٹ گھوڑوں کی ٹاپ نے اپنے گھیرے میں لے لیا ہو...

گھوڑے ہر منزل کی جانب چھلانگیں لگاتے ہوئے دلدوز آواز میں ہنہنا رہے تھے۔

اس نے عمارت کے گارڈ سے ملنے کے بارے میں سوچا۔

دلربا کا پر کشش وجود پارہ پارہ ہو چکا تھا۔

اس کا مادرزاد برہنہ جسم اپنے نشیب وفراز کے ساتھ پوری آب وتاب سے چمکتا ہوا آنکھوں کو خیرہ کررہا تھا۔

سرپٹ گھوڑوں کی ٹاپ دھیرے دھیتے پس منظر میں معدوم ہوتی چلی گئی....وہ پھر دلربا کے ساتھ وسال یار میں محو تھا۔

تیرھواں باب

موجِ تہہ نشیں

صبح حوائج ضروری سے فراغت کے بعد اسے ڈیڑھ سس کو فون کرنے کا خیال آیا۔وہ پی۔سی۔او کی طرف نکلا ہی تھا کہ راستے میں کسی نے شفقت سے اس کے پٹھے پر ہاتھ رکھا۔

''بخار نہیں اترا؟ کوئی بات نہیں۔گھبراؤ نہیں۔علاج جاری رکھو۔اس میں کمی نہ کرنا۔''

اس نے کچھ ناگواری اور کچھ سراسیمگی سے مڑکر دیکھا۔وہی پُراسرار محسن اسے بڑی اپنائیت سے گھور رہا تھا۔جانے کون ہے یہ شخص۔اسے دیکھتے ہی میرے احساسات میں ہلچل مچ جاتی ہے۔جسم پر کپکپی طاری ہونے لگتی ہے اور......

''میرے ساتھ بھی یہی معاملہ تھا کہ میں بے یارومددگار تھا۔پھر میں کہاں سے کامیابی حاصل کرتا۔میں نہیں مانتا کہ موت کا وقت پہلے سے لکھا ہوتا ہے۔موت کا وقت تو ہم لوگ لکھتے ہیں۔لیڈر، ڈاکٹر، ہم تم، پورا نظام اپنی مکروہ انگلیوں سے ہم جیسوں کی موت لکھتا رہتا ہے۔تمھیں غصہ نہیں آتا؟''

''آتا ہے بہت آتا ہے۔اسی لیے تو سائنٹیفک سوشلزم کے جمہوری نظام اور انقلاب پر یقین رکھتا ہوں۔

''جاؤ آگے کام کرو۔اس نے بیچ میں ہی ٹوک دیا۔''تمھیں فون کرنا ہے؟''

''ہاں......جی ہاں فون کرنا ہے۔''وہ کچھ گڑبڑا کر بولا۔

اس پُر اسرار آدمی کو کیسے خبر ہوگئی کہ میں کسی پبلک فون بوتھ کی تلاش میں جا رہا تھا؟ اس کی طرف مڑ کر دیکھتا ہوا وہ کانپتے قدموں کے ساتھ آگے بڑھ گیا۔ اجنبی ابھی وہیں کھڑا تھا۔ وہ کچھ شرمندہ ہوکر تیز تیز قدم بڑھانے لگا اور پھر اس نے مڑ کر نہیں دیکھا کہ وہ معمر شخص اس کا تعاقب کر رہا ہے یا نہیں۔

ٹیلی فون پر بچے کا بخار نہ اترنے کی خبر سن کر ڈیڑھ سس صدمے سے دوچار ہوگئیں۔ ان کی آواز سے نقاہت جھلکنے لگی۔ انہیں اچھی خبر ملنے کی توقع تھی۔ پھر انھوں نے خود کو سنبھالا۔ اسے گھبراہٹ سے باز رہنے کی تلقین کی۔ یہ بھی بتایا کہ سخت اور زود اثر دواؤں سے بخار اتارنے کی ضرورت نہیں۔ دوا کو آہستہ آہستہ اپنا کام کرنے دینا چاہئے۔ بچپن کے ٹائیفائیڈ میں بخار اتارنے کی زود اثر دواؤں کے استعمال کا پھل وہ اب تک بھگت رہی تھیں اور عارضۂ قلب میں مبتلا تھیں۔ ان کے دل کا ایک والو کمزور ہوگیا تھا۔ اب وہ مستقل پیس میکر پر تھیں۔

فون کرنے کے بعد اس نے ناشتے کا خیال ترک کر دیا۔ ڈیڑھ سس نے بتایا تھا کہ وہ ناشتہ تیار کر کے لا رہی ہیں۔ اس نے صرف چائے پر اکتفا کیا اور ڈھابے کے لڑکے کو ایک نہیں بلکہ دو کپ گرما گرم چائے اپنے کمرے میں پہنچانے کی ہدایت کی۔ ساتھ میں چار بسکٹ بھی۔

ایک چائے بیوی کے لیے اور ایک چائے اس پڑوسی گداز بدن دلربا کے لیے جس کے ساتھ رات میں وہ اس نے سوچا کہ کم از کم اتنی خوش اخلاقی کا مظاہرہ تو کرنا ہی چاہئے۔

اس نوازش کے لیے اس عورت نے معنی خیز نظروں سے اس کی طرف دیکھتے ہوئے دھیمے سروں میں اس کا شکریہ ادا کیا تھا۔ اس کی بیوی شاید دل ہی دل میں کڑھ کر رہ گئی۔ اس نے جواب میں کہا۔

''نہیں صاحب، یہ تو میرا فرض تھا، پڑوسی ہونے کے ناتے۔ صبح میں چائے کی شدید طلب کی کیفیت سے میں واقف ہوں۔''

بات کی راہ نکلی تو اس عورت نے پھیکے سے تبسم کے ساتھ بتایا کہ وہ ایک پرائیویٹ کالج میں معمولی سی اجرت پر ملازمت کر رہی تھی۔ اس کا شوہر مرکزی حکومت کی نوکری میں تھا اور اس وقت دور دراز کے شہر میں تعینات تھا۔ اب گھر پر تنہا وہ اپنے سسر کے ساتھ رہنے پر مجبور تھی۔ ایک زمانے سے امید تھی کہ اس کے شوہر کا تبادلہ اسی شہر میں ہو جائے گا۔ وہ شوہر کے ہمراہ نہیں گئی۔ پھر یہ بھی مسئلہ تھا کہ اس کے سسر کی دیکھ بھال کون کرتا۔ اس کی ساس کو مرے ہوئے کئی برس گزر چکے تھے۔ اس کا شوہر بہت فرماں بردار اور سعادت مند قسم کا بیٹا تھا جو اپنی ضرورتوں پر اپنے باپ کی ''ضرورت'' کو فوقیت دیتا تھا۔ اس کے لیے بہتیرے ''راستے'' تھے، لیکن باپ کے لیے آج کے عہد میں یہ واقعہ بیٹے کی سعادت مندی کی نمایاں مثال تھا۔

رات کے دوسرے یا تیسرے پہر اس کا خرانٹ رنڈوا سسرا سے آکر اپنی گرآغوش میں دبوچ لیتا

تھااور وہ اپنا سراپا اس کے سپرد کردیتی۔

یوں بھی چھلکتی اور ابلتی ہوئی جوانی شوہر کی عدم موجودگی کے کرب کے ازالے کی متقاضی رہتی تھی۔

سن رسیدہ کہنہ مشق سسرا سے جڑوں تک لازوال لذتوں سے سرشار کرنے کے ہنر میں طاق تھا۔ اپنے اناڑی شوہر سے وہ کبھی اس طرح لذیابی کے دریاؤں میں غوطے نہیں کھا سکی تھی۔شوہر کے ہاتھوں ہمیشہ ایک ادھورے اور تشنگی کے احساس سے دوچار رہنا اس کا مقدر بن چکا تھا۔اس کا سسر اس کے انگ انگ کے تار چھیڑ کر ان سے موسیقی نکالنے میں ماہر تھا۔وہ موسیقیوں کی لہروں پر بلندیوں تک اڑتی ہی چلی جاتی تھی۔ایسا سرور اسے کنوارے پن کے عاشق اور شوہر کے ساتھ کبھی حاصل نہیں ہوا تھا۔

مشتعل بدن کے روم روم میں آسودگی کی لہریں پھیل جاتیں۔

سسر کے جانے کے بعد دنیا و مافیہا سے بے خبر ٹانگیں پسار کر وہ بھرپور گہری نیند میں ڈوب جاتی۔

شروع شروع میں جب وہ نازک کلی تھی۔شوہر اور کنوارے پن کے زمانے کے اناڑی عاشق کے ہاتھوں پھول نہیں بن پائی تھی؛ سسر کے پرزور بھوکے اور جوشیلے مردانہ حملوں تاب نہ لا پاتی۔تکلیف سے بلبلا اٹھتی۔ دیر تک کراہتی رہتی۔ بعد ازاں پھول بن جانے پر لطف اندوزی اور تلذذ سے ہمکنار اور سرشار ہونے لگی......مزید پرجوش حملوں کی متلاشی اور آرزومند رہنے لگی......اپنی ٹانگیں وا کرکے کولہے کو اٹھا کر پہل قدمی کرتی اور سسر کے زوردار حیوانی حملوں کی طلبگار ہوتی۔

خوبصورت ندی متلاطم ہوکر سمندر میں ضم ہونے کے لیے بے قرار ہو جاتی......لہریں مچلنے لگتیں......اوپر اٹھنے لگتیں......بار بار دیوانگی اور جنون کے عالم میں سمندر کا رخ اختیار کرتیں......عجیب بے خودی، وارفتگی اور مدہوشی......جیسے ذرا بھی دیر ہوئی تو سورج کی آگ میں بھاپ بن کر پورا وجود آسمان میں اڑ جائے گا......ساری مستی کا عالم رفع ہوجائے گا۔

اس کے اشارے کنایے کی گفتگو ٹھہر ٹھہر کر زور دیتے ہوئے الفاظ کی ادائیگی کا دل نشیں انداز اور میٹھی رسیلی آواز جس میں بجتی ہوئی چوڑیوں کی کھنک بھی کبھی کبھی شامل ہوجاتی تھی۔سننے والے پر محویت طاری کردیتی تھیں۔نہ معلوم ''ضرورت'' اور ''راستوں'' جیسے الفاظ کے بیان میں رمزیہ لہجہ اختیار کرنے کے پیچھے اس کا کوئی عندیہ تھا، اس کو ٹٹولنے کی ایک کوشش، یا صرف ایک سادہ، معصوم اور سپاٹ بیانیہ بغیر کسی مدعا کے بس یونہی۔

یا محض تکلم کا ایک مخصوص اسٹائل۔

اس کی بیوی استعجاب کی مورت بنی ٹکٹکی باندھے ہوئے دونوں کو دیکھے جا رہی تھی۔ دھیرے دھیرے اس کے چہرے کا رنگ بدل رہا تھا۔وہ پڑوسی عورت کی باتوں پر ہنکار بھر رہا تھا۔لامحالہ اس کی بیوی

کو گلا کھنکھارتے ہوئے اس کا دھیان توڑنا پڑا۔

بچے کا بخار اب سو کے آس پاس تھا اور اب وہ اسی کو غنیمت سمجھنے لگے تھے۔ گھبراہٹ اس وقت طاری ہوتی جب تھرمامیٹر کا پارہ اوپر کی جانب چڑھنے لگتا۔ اس درمیان کمپاؤنڈر نے دوا اور گلوکوز کی نئی بوتل چڑھا دی تھی۔ ملازمین اسپتال کی صفائی اور دوسری سرگرمیوں میں چاق و چوبند دکھائی دے رہے تھے۔ بغل کے ٹوائلیٹ سے فنائل کی بو آ رہی تھی۔

اس نے بیوی کی نظریں بچا کر اس عورت کی طرف دیکھا تو دیکھتا ہی رہ گیا۔ اس کا آنچل کندھے سے ڈھلک گیا تھا۔ اس کا رنگین ٹرانسپیرنٹ بے آستین اور بیک لیس بلاؤز قیامت ڈھا رہا تھا۔ رات کے وقت اس نے ساری کو ذرا سختی سے لپیٹ رکھا تھا۔ بلاؤز سے باہر نکلے ہوئے سڈول بازو بے حد اشتعال انگیز تھے۔ کندھے اور پیٹھ کی مچھلیاں ماہی بے آب کی طرح تڑپ رہی تھیں...... بیوی نے اسے پھر ٹہوکا دیا اور بچے کا منہ پونچھنے کی ہدایت کی۔ وہ پھر شرمندہ ہو کر نظریں کسی اور طرف رکھنے کے لیے جگہ ڈھونڈنے لگا۔

اسی اثنا میں جونیئر ڈاکٹر آیا اور بخار نہ اترنے کی شکایت پر اس نے شام تک افاقے کی یقین دہانی کرائی۔ اس نے بتایا کہ اب اس کی شفٹ بدلنے والی ہے اور وہ دوسرے جونیئر ڈاکٹر کو چارج دے رہا ہے۔

تھوڑی دیر میں ڈیڑھ سس اور ساڑھو اسکوٹر پر سوار ہو کر صبح کا ناشتہ اور دن کا کھانا لے کر آ گئے۔ ساڑھو نے بھی بغل والے بستر پر بچے کی ماں کو گرسنہ نظروں سے دیکھا۔ امتداد وقت کے ساتھ جب ادھیڑ عمر تک پہنچتے پہنچتے عورتیں اپنے جسم میں ضرورت سے زیادہ چربی اکٹھا کر کے ڈھیلی ڈھالی بے ڈول ہو جاتی ہیں یا گٹھیلے گوشت پوست وقت کی چکی میں پستے پستے پنجر میں تبدیل ہونے لگتے ہیں تو ایسی عورتوں کے شوہروں کی نفسیاتی و جنسی خواہش دو چند ہو جاتی ہے۔ ایسا اس نے اپنے سینئر دوستوں سے سنا تھا۔

اس کے ساڑھو عمر میں کم تفاوت کے سبب اس سے خاصے بے تکلف تھے۔ اسے دیکھ کر مسکرائے اور سرگوشی میں بولے۔

''رات اچھی گذری ہوگی؟''

اس نے اثبات میں سر ہلایا۔

عورت کی طرف دیکھتے ہوئے ایک بار پھر اس کے بدن پر چیونٹیاں سی رینگنے لگیں۔

معاً اس نے محسوس کیا کہ اس کی بیوی کے کان ضرورت سے کچھ زیادہ کھڑے ہو گئے ہیں۔ خطرے کا احساس کرتے ہوئے اس نے بات بدل دی۔

''بخار ہے کہ اترنے کا نام نہیں لیتا بھائی صاحب!''

بخار کا نام لیتے ہی قدرتی طور پر اس کے چہرے پر تشویش کے آثار نمایاں ہو گئے۔ بیوی کا

اضطراب ختم ہو گیا۔

''نوشے بھائی ! آپ خود ڈاکٹر کو ٹیلی فون کر کے بات کیجئے ۔ یہ تو بس لڑنے پر آمادہ ہو جاتے ہیں ۔ مریض کی ایسی سیریئس حالت میں کہیں ڈاکٹر سے آدمی الجھتا ہے؟''

اس کے ساڑھو نے اپنی سالی کی بات بڑے تحمل کے ساتھ سنی ۔ پریشانی اب ان کے چہرے سے بھی عیاں تھی ۔لیکن وہ خود پر قابو رکھنے کی کوشش کر رہے تھے۔

''ایسا بھی کیا کہ آج چوتھا دن ہونے کو آیا اور بخار ٹس سے مس نہیں ہوتا۔ سو ڈگری سے نیچے آنے کا نام ہی نہیں لیتا۔''

وہ نیچے گئے اور کچھ دیر بعد وہی مژدہ لے کر واپس آئے ،جس کی اطلاع رات میں ہی سینئر ڈاکٹر دے چکا تھا۔ ''گھبرانے کی کوئی بات نہیں ہے۔ اللہ کا سب کرم ہے!''

اور کب گھبرائے انسان؟ ننھے سے بچے کے جسم میں اتنی بھی جان نہیں بچی تھی کہ ڈھنگ سے کسی بات کا جواب دے پاتا۔ سوال پوچھے جانے پر نقاہت کے مارے بس آنکھ اور گردن کے ہلکے اشارے سے اثبات و نفی کا اظہار کرتا تھا۔ بخار چڑھنے پر جس وقت اسے پونچھا لگایا جاتا تو شدید ردعمل اور اکتاہٹ سے اس کا چہرہ تمتمانے لگتا۔

پانی سے بھیگے ہوئے کپڑے کی مستقل رگڑ کھاتے کھاتے اس کے جسم کی کھال سفید پڑنے لگی تھی ۔ اسے اپنے بچے کی آنکھوں کی طرف دیکھتے ہوئے ڈر محسوس ہوا۔ چھوٹے سے دو غاروں کے اندر بجھتے ہوئے دیے۔ انہیں روشن رکھنے کے لیے وہ اپنی پوری قوت صرف کر رہا تھا۔

اس کا دل بھر آیا ''میرا بچہ۔ بچارا میرا بیمار بچہ۔ جب سے پیدا ہوا ہے تکلیفیں اٹھا رہا ہے۔'' وہ اپنے بچے کے چہرے پر جھک آیا۔ اس کے منھ سے سسکی نکل گئی۔

بغل والے بچے کے ساتھ آئی ہوئی عورت سے اس کا رونا شاید برداشت نہ ہوا۔ ''بھائی صاحب، بھائی صاحب'' کہتے ہوئے اس نے اس کے کندھے پر ہاتھ رکھ دیا۔ گرم گرم لمس پا کر وہ زور زور سے رونے لگا۔

''جب یہ پیٹ میں تھا، اس کی ماں کو بی کولائی ہو گئی۔ پیدائش کے وقت اس بات کا ڈر تھا کہ اسے بھی بی کولائی یا پیلیا ہو جائے گا۔ بی کولائی کے علاج کے لئے جو اینٹی بایوٹک استعمال کی جا رہی تھی وہ بے حد گرم تھی اور اس کا سائڈ ایفیکٹ براہ راست جگر پر تھا۔ ڈاکٹر کو اس کی ماں کے علاج میں خصوصی احتیاط برتنی پڑی تھی کہ جگر خراب ہونے سے بچ جائے۔ بچ تو گیا لیکن بیماریوں کے گھیرے میں رہتا ہے۔ اور اس بار بے چارہ ایسی مصیبت میں پھنس گیا ہے کہ......''

عورت نے اسی رسمی لہجے میں دلاسا دیا۔

''بھائی صاحب ۔ سب ٹھیک ہو جائے گا۔ مجھے دیکھئے میرا بچہ رات سے بخار میں جل رہا ہے۔

اکیلی ہوں۔کوئی مدد کرنے والانہیں، پھر بھی ہمّت نہیں ہار رہی ہوں۔آپ مرد ہوکر......ذرا سوچئے بھابی جی کے بارے میں، ان کا کیا حال ہو رہا ہوگا۔''

اسے اپنی حماقت کا احساس اس وقت ہوا جب ''کیوں کیوں'' کی پراسرار اور بھرائی ہوئی آواز اس کے کانوں سے ٹکرائی۔سب لوگ اس نامانوس اور بھاری آواز کوسن کر چونک پڑے۔اس نے گردن گھمائی۔ دروازے پر وہی محسن کھڑا ہوا مسکرا رہا تھا۔تبسم کے باوجود اس کی آنکھوں میں گہری اداسی مترشح تھی۔

''کیوں؟ کیوں گھبرا گئے؟ کیوں گھبرا گئے؟ اجی کہہ دیا نا کہ تمھارے بچے کو کچھ نہ ہوگا۔تمہیں جشن مناتے ہوئے یہاں سے واپس ہونا ہے۔میرے رہتے تم پریشان کیوں ہو گئے؟ میرا تو کوئی غمخوار نہ تھا۔تمھیں فتح حاصل ہوگی، دیکھنا تو سہی۔''

وہ آگے بڑھ آیا اور اسے جھنجھوڑ کر درشت لہجے میں بولا۔

''خبردار!میں تمہیں روتے دھوتے اور ہمت ہارتے نہیں دیکھنا چاہتا۔بولو اور کتنے پیسوں کی ضرورت ہے؟''

اس کی تو سٹی گم ہوگئی، اس کی ذراسی بھول کی وجہ سے دروازے پر بھیڑ سی اکٹھا ہوگئی تھی۔

اس فلور کے تمام مریضوں کے تیماردار وہاں پر کسی کی موت ہوجانے کے اندیشے سے جمع ہو گئے تھے۔معمّر آدمی سب سے مخاطب ہوتے ہوئے زور سے بولا۔

بچہ بالکل ٹھیک ہے۔صرف بخار نہیں اتر رہا ہے۔آپ لوگ بھیڑ چھانٹئے۔ چلئے ہوا آنے دیجیے۔ہوا مت روکئے۔''

اس کی گونجتی ہوئی آواز اس بھیڑ میں اس کے لئے راستہ بناتی چلی گئی۔چشم زدن میں لوگ تتر بتر ہو گئے۔

اب وہاں دومریضوں کے علاوہ صرف دو مرد اور تین عورتیں تھیں۔

اس کی بیوی نے رات کے کھانے کے جوٹھے برتن صاف کر کے اپنی بڑی بہن کے جھولے میں ڈال دیئے۔اس کے ساڑھو نے گھڑی دیکھی۔دفتر کا وقت ہو رہا تھا۔اجازت طلب انداز میں انھوں نے اپنی سالی کی طرف دیکھا، پھر اس سے مخاطب ہوکر بولے:

''یار تم نے تو حد کردی، عورتوں سے بڑھ گئے۔مرد کہیں اس طرح روتے ہیں۔گھبراؤ نہیں ہم لوگ رات میں پھر آئیں گے۔انشاء اللہ اس وقت تک بابو ٹھیک ہوجائے گا۔

چودھواں باب

انگنت گھوڑوں کا قافلہ

اللہ اللہ کر کے دن ختم ہوا۔

کئی بوتل گلوکوز چڑھا جس کے ساتھ مختلف دوائیں بچے کے جسم میں اتاری گئیں۔

جونیئر ڈاکٹر کئی بار آیا۔ ہمیشہ مسکراتا ہوا۔لیکن بیوی کی اندرونی پژمردگی میں کوئی فرق نہ آیا۔ دن بھر وہ اپنے بچے کے تخم پڑنے سے لے کر اب تک کے واقعات کو گہری تشویش کے ساتھ الٹ پلٹ کر ٹٹولتی رہی۔ بار بار وہ بچے کے سر پر ہاتھ پھیرتی، ''ہائے اللہ اب کیا ہوگا؟'' کا وِرد کرتی رہی۔

بغل والے بیڈ کے مریض بچے کا بھی بخار گھٹنے کا نام نہ لے رہا تھا۔ بیوی نے کڑوے دل سے سوچا، اس بلا کو بھی اسی کمرے میں آنا تھا۔ رات میں اپنے شوہر کا اس عورت کو گھور گھور کر دیکھنا اور صبح اس عورت کا اپنے شوہر کے کندھے پر ہاتھ رکھنا اور پیٹھ تھپتھپاتے ہوئے دلاسا دینا اسے ایک آنکھ نہ بھایا تھا۔ ویسے اس کی طرف دیکھتے ہوئے اپنے جذبۂ منافرت پر قابو پا کر وہ ملائمت کا رنگ چڑھا لیتی تھی۔

بچہ مستقل آنکھیں بند کیے پڑا رہا۔

اس کے دل میں ہوک سی اٹھی، کہیں بھاگ چلوں۔ اپنے بچے کو اٹھا لے جاؤں۔ یہ جگہ اچھی نہیں ہے۔ کسی دوسرے نرسنگ ہوم میں۔

شوہر پان سگریٹ کی علتیں پورا کرنے نیچے گیا ہوا تھا۔ دونوں عورتیں اپنے اپنے بچوں کی بغل میں بیٹھی خود کو دنیا کی بدقسمت ترین عورت شمار کر رہی تھیں۔ اسپتال کے باہر فضا میں شاید کرگسوں کے جھنڈ منڈلا رہے تھے۔ ملگجے بادلوں سے ڈھکا ہوا آسمان نیچے کی طرف جھکتا دکھائی دیتا تھا۔ سورج اپنا رخت سفر سمیٹ چکا تھا۔ ساکت بازوؤں کے ساتھ فضا میں تیرتے ہوئے کرگسوں کو دیکھ کر دونوں عورتیں لرز اٹھتی تھیں۔

یا معبود! کیا ہونے والا ہے؟''

''ہے بھگوان اپنی شرن میں رکھنا۔''

دوسرے کسی کمرے سے کسی سیریئس مریض کی تیمارداری کی بار بار ''واہگرو......واہگرو'' کی آواز ان کے کانوں سے ٹکراتی تھی۔ دونوں عورتیں گویا دنگ سی ہوگئی تھیں۔ ان کے بچوں پر کیسا بجر آ پڑا تھا جو ملنے کا نام ہی نہ لیتا تھا۔

کسی طرح شام ہوئی۔ اس کے دفتر کے اکا دکا لوگ عیادت کو آئے تھے۔ لگاتار بخار کی جکڑ بندی کی تفصیل سن کر سب گہری تشویش میں مبتلا ہو گئے لیکن ہمت نہ ہارنے کی تلقین کی رسم ادا کر کے ایک ایک کر کے رخصت ہوئے۔

رات ہوئی۔ ضبط کا باندھ ٹوٹتا ہوا محسوس ہوا۔ آج سینئر ڈاکٹر سے پوچھ کر رہوں گا۔

اٹھارہ گھنٹے۔

پھر چوبیس گھنٹے۔

پھر......

آخر کب بخار نیچے آئے گا؟

بچہ بھیگے ہوئے کپڑے کے لمس سے عاجز آچکا تھا لیکن اب اس میں اس کے خلاف اظہار نفرت کی سکت بھی باقی نہیں رہ گئی تھی۔ جلد کی شکنیں اور پانی کی پیدا کردہ بدرنگی ہی اس کی دلی نفرت اجاگر کر رہی تھیں۔

سینئر ڈاکٹر آیا، حسب معمول مصنوعی اور کاروباری مسکراہٹ سے لدے پھندے منحوس چہرے کے ساتھ۔ تلخ لہجے میں تقریباً جھگڑتے ہوئے اس نے کہا۔

''ڈاکٹر صاحب آپ کی بار بار یقین دہانی اور ساری دواؤں کے استعمال کے باوجود بخار سوڈگری سے نیچے نہیں آیا۔''

ڈاکٹر حسب معمول زیرلب مسکرایا۔ اس نے گردن ہلائی۔ کندھے اچکائے اور پھر قدرے طویل مسکراہٹ کے ساتھ اس نے ایک ہاتھ مرد کے شانے پر رکھ دیا۔

''میں جانتا تھا آج آپ بہت غصے میں ہوں گے۔'' اس کی مسکراہٹ بدستور جاری تھی۔ وہ ایک لمحے کو رکا، ''دیکھئے۔ آپ کے بچے کا بخار نیچے لاکر نارمل کرنے کا کام میں ایک منٹ میں انجام دے سکتا ہوں۔ یوں،'' اس نے چٹکی بجائی۔ ''لیکن میں جان بوجھ کر ٹمپریچر اچانک ڈاؤن نہیں کر رہا ہوں۔ اس کا آفٹر ایفیکٹ بہت خراب ہوگا۔ گٹھیا اور ہارٹ کے کامپلی کیشن ہو سکتے ہیں۔ اور کچھ نہیں تو بخار دوبارہ آجائے گا، چار ہی پانچ دن بعد۔ انفکشن، انٹرک فیور میں کنورٹ نہ ہو۔ اس کے لیے یہ احتیاط رکھنی چاہئے۔ دھیرے دھیرے ٹمپریچر کو نارملائز کرنا۔ بخار کھنچ کھنچ کر جسم کے cells سے نکلے تو ہی ٹھیک ہوتا ہے۔ دواؤں اور گلوکوز کی سپورٹ اس لئے دے رہا ہوں کہ انفکشن بڑھنے نہ پائے، آہستہ آہستہ بدن میں اس سے لڑنے کی قوت پیدا ہو۔ بچے کے بدن میں بخار سے ہونے والے دوسرے نقصانات سے لڑنے کی شکتی قائم رہے، To maintain his "power of resistance"۔ کچھ سمجھے آپ؟'' اچانک اس کے لہجے میں کچھ برہمی سی آگئی۔

ڈاکٹر ایک لمحے کے لئے رکا، پھر اس نے ذرا بلند آواز میں کہا۔

''نادان ڈاکٹر مریض کی تسلّی کے لیے بخار فوراً اتار دیتا ہے۔ مریض کو فیوچر میں اس کی قیمت ادا کرنی پڑتی ہے۔ آپ کے حساب سے تو میں خراب داکٹر ہوں۔ آپ جسے شہر کا سب سے اچھا ڈاکٹر سمجھتے ہوں اس کے پاس چلے جائیے۔ اگر وہ میری بات غلط قرار دے تو اب تک آپ کا جو خرچ ہوا وہ میرے سر۔''

''جی نہیں، اب میں اسے کہاں لے جاؤں گا۔'' اس نے بیوی کی ملامت بھری نگاہوں کو دیکھ کر معذرت کے لہجے میں کہا۔ ''میں تو آپ کا نام سن کر، آپ پر پورے اعتماد کے ساتھ یہاں آیا ہوں۔''

''تو جناب، مجھ پر وشواش بنائے رکھئے ،آپ کے بیٹے کا بخار دھیرے دھیرے اترے گا۔ دیکھئے پہلے ایک سو چھ ڈگری تھا۔ اس کے بعد اتر کر ایک سو تین اور ایک سو دو ہوا۔ اب وہ سو ڈگری اور اس سے ذرا اوپر کے رینج میں چل رہا ہے۔ کل سے ننانوے ڈگری میں آئے گا اور پھر اوپر بھاگے گا۔ پھر ایک دو روز کے بعد انٹھانوے پوائنٹ چھ آئے گا اور پھر اوپر جائے گا۔ اسی طرح دھیرے دھیرے نیچے آتے آتے نارمل ٹمپریچر کی consistecny حاصل کرلے گا۔ لیکن سنئے، اتنا وقت میں ایک مریض کے تیماردار کو سمجھانے میں لگا دوں تو دوسرے کو کب دیکھوں گا؟ آپ تو مجھ پر بہت بھروسا کرتے تھے۔ ہاں آپ کی میم صاحب میرے علاج سے کترا رہی تھیں۔'' ڈاکٹر نے ہلکی سی طنزیہ مسکراہٹ کے ساتھ میری بیوی کی طرف دیکھا۔

''میڈم نشچنت ہوکر اپنے بچے کو صرف پونچھا لگاتی رہئے۔ دھیرے دھیرے کر کے بچہ اچھا ہوگا تو بعد میں اس کی جوانی کے بانکپن کو دیکھ کر آپ مجھے دعائیں دیں گی۔''

''چوبیس گھنٹوں میں بخار اترنے کی جھوٹی گارنٹی اس لیے دی تا کہ آپ کی ہمت بنی رہے۔ ڈاکٹر ہونے کے ناتے مریض اور اس کے اٹنڈنٹ کی ہمت بڑھانا بھی تو ہمارا کام ہے! اچھا بائی بائی۔''

ڈاکٹر چلا گیا۔ کمرے میں سناٹا چھا گیا۔ اس نے سوچا کیسا وائرل انفکشن ہے؟ اور انٹرک فیور، یا ٹائیفائڈ...... میرا بچہ بچے گا بھی تو اس کی جوانی کا جثہ کیا ہوگا؟ جسم لاغر اور مریل، دماغ کمزور، سر کے بال اڑے ہوئے۔ وہ اپنی ایک بہن کا حشر دیکھ چکا تھا جو ٹائیفائڈ میں مبتلا رہنے کی وجہ سے میٹرک سے آگے نہ پڑھ سکی تھی۔ جیسے تیسے خوب کھلا پلا کر اس نے اسے تگڑا بنا بھی دیا تو کیا ہوگا؟ اونھ، جو ہوگا دیکھا جائے گا۔ اس نے سر کو جھٹکا دیا، اور حالات کو مقدر کے حوالے کر کے یک گونہ سکون محسوس کیا۔ اس نے پھر اپنے چاروں طرف نگاہیں دوڑائیں۔

خارجی چیزیں حسب معمول اپنی جگہ پر قائم تھیں۔ فرق صرف اتنا آیا تھا کہ رات کے دس بج گئے تھے اور اب تک ساڑھو یا ڈیڑھ سس کا اتا پتا نہ تھا۔ دبی زبان میں اس نے بیوی سے اس امر کا اظہار کیا تو چشم زدن میں میکے کے لوگوں کی فوقیت کا خیال کرتے ہوئے اس نے تیوری چڑھا لی۔ لیکن ماتھے کی سلوٹوں سے یہ بھی اندازہ ہوتا تھا کہ اندرونی طور پر وہ بھی گہری تشویش میں مبتلا تھی۔

''کوئی کب تک اپنا کام دھام چھوڑ کر...... تمہاری طرف کا رشتہ دار آیا؟ بس دفتر کے اکا دکا لوگ۔ اس لئے پلیز طعنے مت دو۔ میرا دل یوں ہی بہت رنجیدہ ہے۔''

جان چھڑانے میں ہی اس نے اپنی عافیت سمجھی۔ وہ ٹھنڈے لہجے میں بولا۔

''اپنا بچہ سنبھالو۔ میکے والا ہو کہ سسرال والا، اس زمانے میں کوئی زیادہ دور ساتھ نہیں چلتا۔''

رات ڈھلے اسپتال کے باہر کسی کتّے نے دردناک آواز میں رونا شروع کر دیا۔ سرپٹ گھوڑوں

کی ٹاپوں کی پر اسرار آواز دھیمے دھیمے ابھری۔ جاگنے والے تیمار دار دہل کر رہ گئے۔ سب نے گہری اداسی کے ساتھ اپنے اپنے مریض کا چہرہ دیکھا۔ اس کی بیوی کی آنکھوں میں آنسو آ گئے۔

''یا مشکل کشا!''

اچانک سرپٹ گھوڑوں کی ٹاپ زور سے گونجنے لگی۔ اس کے رونگٹے کھڑے ہو گئے۔ بیوی ساری کے پلّو میں سر چھپا کر آنسو خشک کرنے لگی۔

جیسے تیسے آنکھوں آنکھوں میں رات کٹی۔ صبح اس نے بچے کی بغل سے تھرمامیٹر نکالا تو اس کا دل خوشی سے جھوم اٹھا۔ اس کے چہرے کو خوشی سے کھلا ہوا دیکھ کر بیوی نے استعجاب اور امید بھری نظروں سے اس کی جانب دیکھا۔

''اجی سنتی ہو! بخار ننانوے پر آ گیا۔ ڈاکٹر نے ٹھیک کہا تھا۔ دھیرے دھیرے سب ٹھیک ہو جائے گا۔ واہ بھئی واہ۔'' اس کی بیوی کا سر جھکا ہوا تھا۔ وہ دل ہی دل میں شکر ادا کر رہی تھی۔ تھوڑی دیر بعد اس کے ہاتھ دعائیہ انداز میں اٹھ گئے۔

صبح ختم ہوئی۔ دن شروع ہو گیا۔ اس کی ڈیڑھ سس اور ساڑھو نہیں آئے۔ بخار اوپر چڑھا لیکن ہلکے پونچھے کے بعد پھر ننانوے ڈگری پر واپس آ گیا۔ گلوکوز کی نلیوں کے ذریعہ اس کی شریانوں میں مستقل سرایت کرتی ہوئی دوا اس کی قوت مدافعت میں اضافہ کر رہی تھی۔

وہ اسپتال ٹمپوروٹ میں نہیں پڑتا تھا۔ ایک ہفتے بعد صحت یاب بچے کو لے کر مختصر سے رخت سفر کے ساتھ وہ رکشے پر گھر کے لیے روانہ ہوئے۔

وہی شہر کے دو علاقوں کو ملاتا ہوا نشیب وفراز والا اوور برج راستے میں پڑا تو آمد کے وقت اس نے جس طرح متعدد گھوڑوں کی ٹاپوں کے درمیان خود کو روندتا اور پارہ پارہ ہوتا دیکھا تھا اب جاتے وقت خود کو گھوڑ سوار کی شکل میں دیکھ رہا تھا۔

اس کو لگا کہ وہ گھوڑے پر سوار، جشن مناتا اور کلیلیں کرتا ہوا لوٹ رہا ہے۔ ایک گھوڑے پر خود وہ، اس کے پیچھے اس کی کمر میں ہاتھ ڈالے اس سے لپٹی ہوئی بیوی۔ اور دوسرے گھوڑے پر سوار گھوڑے کو ایڑ لگاتا ہوا اس کا بانکا چھیلا بیٹا...... اور پیچھے سرپٹ بھاگتے ہوئے انگنت گھوڑوں کا قافلہ۔

پندرھواں باب

ہجر و وصال

بچے کی بیماری کے جھنجھٹ میں اس پر کشش دلربا عورت کا ذکر رہ ہی گیا کہ بعد میں اس کا کیا ہوا۔ ہونا کیا تھا۔

دونوں بچوں کو ایک ہی دن چھٹی مل گئی تھی۔ وہ بھی ان کے ساتھ وہاں سے رخصت ہوگئی تھی۔ اسے بے آب و گیاہ صحرا میں تنہا چھوڑ کر جاتے وقت اس کے ہونٹ مسکرا رہے تھے اور آنکھیں نم تھیں۔ زیر لب معنی خیز مسکراہٹ اور آنکھوں کی گہری نامعلوم اداسی کے ساتھ وہ دور دور تک اس کی طرف ٹکٹکی باندھے رہی، نہارتی رہی، حتیٰ کہ وہ نقطہ بن کر معدوم ہوگیا۔

وہ جب اپنے بچے کی صحت یابی کے بعد لوٹ رہا تھا تو پُل پار کرتے ہوئے بار بار اسے محسوس ہوا کہ وہ اس کی گود میں بیٹھی ہوئی تھی (پیچھے بیٹھی ہوئی بیوی اس حقیقت سے، ظاہر ہے کہ انجان تھی)۔

بھینی بھینی خوشبو سے معطر عورت کا گداز کولھا مرد کی گود گرما رہا تھا۔

ہوش اڑا دینے والے مدور اشتعال انگیز کولھے مرد کے اندر شدید ابال پیدا کر رہے تھے۔

ان کے جسم میں چیونٹیاں رینگنے لگیں۔

عورت کے بدن کی گداز چربدار پہاڑی کی سخت و نرم گولائیوں کے لمس سے مرد کے جسم میں شرارے چھوٹ رہے تھے۔

خون کا درجہ حرارت بڑھ گیا۔

نسیں پھٹنے لگیں۔

سانسیں تیز تیز اور تیز۔

گھوڑے کی چکنی پیٹھ پر سوار مرد اور عورت اشتعال انگیز ہچکولے کھا رہے تھے۔

کیف و مستی کے عالم میں قطرہ قطرہ دونوں کا وجود پگھلتے ہوئے ایک دوسرے میں سرایت کر کے ضم ہونے کا سفر اختیار چکے تھے۔

دونوں کے منہ سے لذت آمیز سسکاریاں نکلنے لگیں۔

سرخ کبوتروں نے پر پھڑپھڑائے۔

مرد کی انگلیاں رقص کرنے لگیں۔

عورت نے زوردار انگڑائی لی۔

خوش آہنگ اور رنگ برنگ پرندے ان کے سروں پر رقص کرتے ہوئے منڈلانے لگے۔ پھر دور دور تک سناٹا پسر گیا۔ ایسے میں ایک شدید دبی ہوئی چیخ ابھری۔

کاگا سب تن کھائیو/ چن چن کھائیو ماس

ای دو نیناں مت کھائیو/ پیا ملن کی آس

امتدادِ وقت کے ساتھ ہجر و وصال کے تلاطم میں ہچکولے کھاتے ہوئے وصال کو ایک عرصہ گذر گیا۔
صدیاں بیت گئیں۔
وقت قطرہ قطرہ ٹپک رہا تھا۔
آسمانی کتابوں کے اوراق گہرے طوفان میں گھٹی گھٹی چیخیں بلند کرتے ہوئے پھڑ پھڑا رہے تھے۔معلوم ہوتا کہ اب اور بس اب دم توڑ دیں گے۔
کراہتی ہوئی چیخیں مرد اور عورت دونوں کے حلق سے مسلسل نکل رہی تھیں۔

ناپائیداری / بے ثباتی / ناکارگی ہستی
رہئے اب ایسی جگہ چل کر جہاں کوئی نہ ہو
کاگا سب تن کھائیو / چن چن کھائیو ماس
ای دو نیناں مت کھائیو / پیا ملن کی آس
بے در و دیوار سا ایک گھر بنایا چاہئے
کوئی ہم سایہ نہ ہو اور ہمنوا کوئی نہ ہو
کاوے کاوے سخت جانی ہائے تنہائی نہ پوچھ
صبح کرنا شام کا لانا ہے جوئے شیر کا
یہ نہ تھی ہماری قسمت کہ وصال یار ہوتا
اگر اور جیتے رہتے یہی انتظار ہوتا
ترے وعدے پہ جئے ہم تو یہ جان جھوٹ جانا
کہ خوشی سے مر نہ جاتے اگر اعتبار ہوتا
یہ کہاں کی دوستی ہے کہ بنے ہیں دوست ناصح
کوئی چارہ ساز ہوتا کوئی غم گسار ہوتا
ہوئے مر کے ہم جو رسوا ہوئے کیوں نہ غرق دریا
نہ کوئی جنازہ اٹھتا نہ کوئی مزار ہوتا

سولھواں باب

میجک ریلزم

کچھ دن کے بعد حالات نارمل ہوئے تو اسے انجان فرشتہ صفت محسن کا خیال آیا۔ادھر ادھر سے

پانچ سو اکٹھا کر کے اس نے قرض کی ایک قسط فوراً ادا کرنے کا فیصلہ کیا۔

پرانی پتلون کی جیب میں پڑے ہوئے کاغذوں کے انبار میں وہ اس کے پرزے کو بڑی مشکل سے ڈھونڈ پایا۔لیکن لکھے ہوئے پتے اورٹھکانے پر پہنچ کر اس کو معلوم ہوا کہ وہ گھر خالی ہے۔ محلّے میں بہت دریافت کرنے پر پتا چلا کہ اپنے بیٹے کی موت پر انھیں خودکشی کیے ہوئے ایک عرصہ بیت چکا۔اب تو ان کی راکھ بھی فضا میں کب کی تحلیل ہو چکی تھی۔

سکتے کے عالم واپس لوٹتے ہوئے اسے لوگوں کے ازدحام میں سرپٹ گھوڑے کی ٹاپ معدوم ہوتی ہوئی سنائی دی۔

پست لہجے میں بیوی کو واقعے کی روداد سناتے ہوئے اس نے محسوس کیا کہ اس کی اپنی آواز ایک ناتواں سی ہنہناہٹ میں تبدیل ہوتی جارہی ہے۔

’’کیا ہوا آپ کو؟‘‘

بیوی نے جھنجھوڑتے ہوئے پوچھا۔لیکن اب اس کے منہ میں کوئی لفظ نہ رہ گیا تھا۔

شوکت حیات کے افسانوں کا ایک انتخاب

شوکت حیات کے منتخب افسانے

مرتب : اقبال حسن آزاد

بین الاقوامی ایڈیشن جلد منظر عام پر